Hannelore Blohm

D1983732

Geschenke aus meiner Küche

Originelle Rezept-Ideen zum Selbermachen

Gräfe und Unzer

Titelseite:
Kräuteressig (Seite 65),
Eingelegter Spargel (Seite 53),
Käsespiralen (Seite 47)
und Chesterkekse (Seite 49),
Wodka-Sauerkirsch-Marmelade (Seite 25)

2. Umschlagseite:
Beschwipste Mitbringsel
v.l.n.r. Rumfrüchte aus Trockenobst (S. 29)
Brandy-Pfirsich (S. 30)
Wodka-Sauerkirsch-Marmelade (S. 25)

Hannelore Blohm
ist seit ihrer Kindheit Köchin aus Leidenschaft. Ihre Karriere begann, als sie fünf Jahre alt war. Mit Kuchen backen. Später wurde durch eine gründliche Kochausbildung während der Gymnasialzeit die solide Grundlage geschaffen für ihre publizistische Tätigkeit bei Tagespresse und Magazinen. Als Chefredakteurin großer Zeitschriften tendierte sie bereits zu ihrem Schwerpunktthema: Essen und Trinken. Inzwischen ist sie Autorin einiger Kochbücher, Mitglied des Arbeitskreises kulinarischer Fachjournalisten und Spezialistin für die Kulturgeschichte der Back-, Koch- und Eßkunst.

Farbfotos:
H. Bauer Verlag: 3. Umschlagseite
Gruner + Jahr, Hamburg: S. 27
Hartz, Hamburg: 2. Umschlagseite, S. 37, 38
Jahreszeiten-Verlag, Hamburg, S. 55, 56 und 4. Umschlagseite
Rauch, München: Titelbild
Teubner-Studio, Füssen: S. 17, 18, 28
Zeichnungen:
Ingrid Schütz, München

Nachdruck, auch auszugsweise, ohne ausdrückliche Genehmigung des Verlages nicht gestattet.
© by Gräfe und Unzer Verlag, München
Umschlaggestaltung: Heinz Kraxenberger, München
Satz und Druck des Textes, der Farbtafeln und des Umschlags:
Druckerei Appl, Wemding
Offset-Reproduktionen: G. Reisacher, Stuttgart
Bindung: R. Oldenbourg, München

ISBN: 3-7742-1206-6

Sie finden in diesem Buch

Ein Wort zuvor

Freude am Schenken

Zuallererst soll Ihnen dieses Buch Freude bereiten. Neue Freude am Schenken. Mit Dingen, die Sie selbst gemacht haben. Auf oder in Ihrem eigenen Herd, der im wahrsten Wortsinn Goldes Wert ist.

Originelle Geschenke

Denn – und das ist mein zweites Anliegen: Ich möchte Ihnen nicht nur helfen, individueller zu schenken, sondern auch preiswerter. Darum aber nicht weniger gut. Denn alles, was Sie selbst backen und kochen, ist billiger als gekaufte Eßgeschenke, schmeckt besser und läßt an Originalität nichts zu wünschen übrig. Seien wir ehrlich: Konfektion ist wichtig. Aber zuweilen sind wir ihrer überdrüssig. Der ewig gleichschmeckende Rollmops aus der Dose, die Kekse und Pralinen aus Schachteln, die man im Zweifelsfall schon an jedem Kiosk kaufen kann, sind alltägliche Dinge geworden. Was ich Ihnen aber an erprobten, zuverlässigen Rezepten biete, ist nicht alltäglich. Und käuflich ist es schon gar nicht.

Freizeitspaß: Schenken

Und mein drittes Anliegen: Ich möchte Ihnen helfen, sich einen Freizeitspaß aufzubauen. Ein Hobby sozusagen. Wetten, daß Sie in Zukunft nur noch Geschenke aus der Küche überreichen werden?

Viel Freude am Zubereiten, beim Schenken und mit dem Geld, das Sie sparen. Wandeln Sie es doch wieder in Mitbringsel aus der Küche um.

Ihre Hannelore Blohm

Das Wichtigste auf einen Blick

Sie wissen längst, daß Sie Geschenke kochen, backen oder einlegen können. Es steht dem auch nichts im Wege, mit Ihrem Geschenk zu sagen: Ich mag Dich. Ob es der Partner ist oder die gute alte Tante. Mögen kann man viele Menschen. Nur, ein paar Tips möchte ich Ihnen noch geben, damit Sie auch über Anlässe, Verpackung und Technik genau Bescheid wissen.

Welches Geschenk zu welchem Anlaß

Für Chefs keine Rollmöpse

Es gibt viele Einladungen, zu denen Sie Eßgeschenke mitbringen können. Aber bei Ihrem oder dem Chef Ihres Mannes sollten Sie es unterlassen. Da gibt's nichts aus der Küche, sondern wie üblich: Blumen für die Dame, ein Buch für den Herrn. (Es sei denn, Sie sind vertraut miteinander). Wann also ist es angebracht, Geschenke aus der Küche zu machen? Da sind die üblichen Anlässe: Geburtstage, Weihnachten, Ostern und Pfingsten. Und die einmaligen: Verlobung, Hochzeit, Kindtaufe, Silberhochzeit, Goldene Hochzeit. Sie werden zum Beispiel Begeisterung auslösen, wenn Sie zur Verlobung zwei Riesenlebkuchenherzen backen, sie hübsch garnieren und die Namen der Partner mit Zuckerguß draufschreiben. Oder zur Hochzeit eine feine Torte zaubern. Oder zur Kindtaufe garniertes Zuckergebäck (Täubchen und andere Tierchen) herstellen, das die kleinen Gäste des Täuflings knabbern dürfen. Zur Silber- oder Goldhochzeit bekommen die Jubelpaare vielleicht ihr Lieblingsessen. Und sei es Ihre Schinkensülze, von der sie immer so begeistert waren.

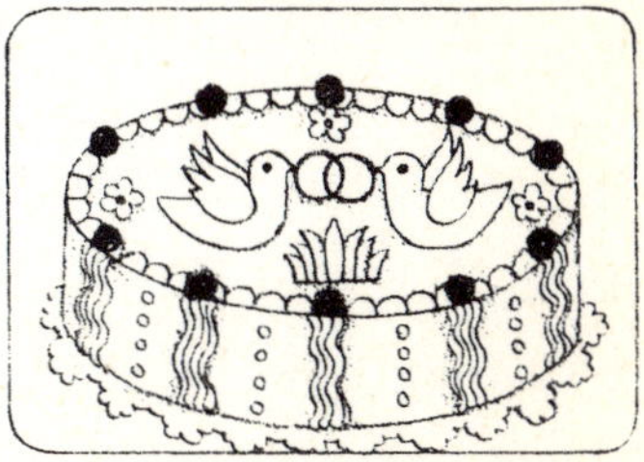

Verlobung oder Hochzeit? Die hübschen Herzen machen bestimmt Freude (links).

Mit der passenden Garnierung können Sie eine Torte zu jedem Familienfest präsentieren! (rechts).

Beschwipste Früchte

Natürlich gibt es originellere Eßgeschenk-Anlässe. Ihre Freundin hat zum Beispiel den Führerschein gemacht. Schenken Sie ihr beschwipste Früchte. Zum Abgewöhnen oder mit der Bemerkung: Nach dem Fahren zu genießen. Oder: Ihr Lieblingsvetter zieht um. Vorausgesetzt, er hat Humor, dann überfallen Sie ihn mit einigen Freunden – am Arm einen Korb mit Eßgeschenken. Brot und pikant gemischte Butter, Würstchen, in die man problemlos beißen kann, ohne ein Messer benützen zu müssen. Eine Flasche selbstgemachten Schnaps oder Cognacfrüchte, Bier und Bierhappen. Und nun feiern Sie den Auszug aus der Wohnung. Aber nicht zu lange. Denn am nächsten Tag geht's für die geplagten Umzügler schon früh morgens an den Auszug.

Sauertöpfchen für Parties

Parties mit netten Menschen sind klasse. Vor allem, wenn die Gäste zum Gelingen beitragen. Vielleicht mit Eßgeschenken? Mixed Pickles bieten sich an. Ein ganzes Glasaquarium voll. Die Gäste werden sie ratzeputz verspeisen. Nicht nur, weil sich Saures und Alkohol so gut vertragen, sondern weil Mixed Pickles würzig sind.
Ein fröhliches Rezept zum Feiern: Den Überfall auf liebe (wirklich liebe) Verwandte proben. Mit Ihrer kompletten Familie, versteht sich. Packen Sie reichlich Eßgeschenke ein. Pralinen und Bonbons, einen Hefekuchen zum Kaffee. Und wenn Sie sich vorgenommen haben, auch noch zum Abendesssen zu bleiben, dann könnte es eine Pastete sein. Oder Sülzen jeder Art. Bitte genügend Brot mitnehmen. Wer es selbst backen kann, kommt natürlich als Schenkender ganz groß heraus. Dazu ein Tip: Brot aus Fertigmehl backen. Ich wette, das gibt die schönste Familienfeier seit langem.

Zum Tee bei Tante Emmi

Ein Besuch bei älteren Menschen, unterm Arm ein Paket mit delikaten Gaumenfreuden, hat schon oft genug Rührung ausgelöst. Weil diese Menschen häufig allein sind und

sich über Besuch riesig freuen. Aber bitte vorher anmelden und dem Gastgeber strikt verbieten, Essen vorzubereiten. Das machen alles Sie. Packen Sie Ihre Tasche voll mit Teegebäck und Pralinen, dem passenden Tee, der Sahne, dem Zucker, einem Fläschchen Likör. Ihre lieben Alten werden noch lange von Ihrer fabelhaften Idee schwärmen. Übrigens: Wenn Großvater partout nichts Süßes mag, bekommt er Kümmelstangen oder Käseschleifen – und sein geliebtes Schnäpschen.
Anlässe gibt es genug. Wichtig ist nur herauszubekommen, was die Beschenkten am liebsten mögen. Süßes oder Saures, Beschwipstes oder Pikantes. Für alle finden Sie in meinem Büchlein das Passende.

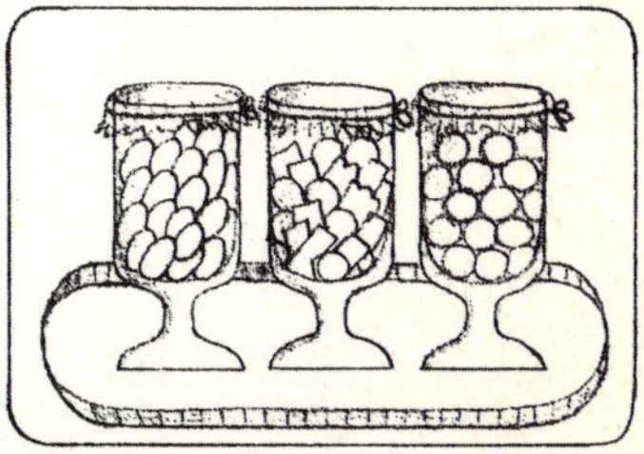

Das Körbchen wird noch lange an die Zimtsterne erinnern! Am Henkel das Rezept zum Nachbacken befestigen (links).
Beliebte Snacks in einfachen Gläsern – mit oder ohne Tablett verschenken! (rechts)

Das Drum und Dran

Phantasie macht Geschenke schöner

Klar, daß Sie Ihre Geschenke nicht lieblos in Papier einwikkeln und sie dem Empfänger in die Hand drücken mit den kargen Worten: Da, das ist für Dich. Das macht selbst unter den besten Freunden keinen Spaß. Darum mache ich Ihnen auch Vorschläge, wie Ihre Eßgeschenke noch besser ankommen. Durch Geschenkpapier und bunte Bänder, durch dicke Schleifentuffs und farblich passende Blumen. Durch glasklares Cellophan – am Stück oder als Tüte. Durch preiswerte Behälter, in die Sie die Geschenke packen können. Durch Säckchen aus Schals, Geschirrtüchern und Servietten. Durch einfache, formschöne Glasteller- und schalen; oder durch Gläser.

Um Ihnen die Auswahl leichter zu machen und Ihnen genügend Anregungen zu geben, finden Sie zu jedem Rezept Beispiele dafür, wie das Eßbare originell eingepackt werden kann.

Wenn's ein bißchen mehr kosten darf

Zu besonderen Anlässen darf's sicher auch mal mehr kosten. Für diese Zwecke biete ich Ihnen zusätzlich Ideen an, die Ihr selbstbereitetes Geschenk kostbarer machen. Durch Silberschalen und Kristallbecher, durch Korb und Körbchen, Holzbehälter und -dosen, Zinn- und Kupfergeschirr. Und durch zauberhafte, farblich auf die Verpackung abgestimmte Blüten. Sogar durch originelle Kunstblumensträuße. Allerdings: Plastikblumen sind tabu. Es sei denn, Sie wollen sie aus Spaß verschenken.

Sammelwut ist gut

Fördern Sie ab sofort Ihre vielleicht schon vorhandene Sammelleidenschaft für alles, was Sie zum Verschenken gebrauchen können. Sammeln Sie farbige Faltkartons, in denen Sie mal Pralinen bekommen haben. Oder Flaschen jeder Art, vom Bocksbeutel bis zu originellen Schnaps- und Likörflaschen. Auch Tonkrüge, in denen man spanische Weine kaufen kann und die später noch als Blumenvase oder einfach als Schmuck für die Wohnung ihren Dienst tun. Dazu gehören noch interessante Marmeladen- oder Konfitürengläser, Stoffreste, Bänder und getrocknete Blumen. Und buntlackierte Blechdosen. Sie werden sich wundern, was da alles zusammenkommt. Oft ist es so hübsch, daß Sie es gar nicht mehr hergeben möchten. Ein wenig Platz, das alles aufzubewahren, finden Sie bestimmt noch in Ihrer Wohnung. Ich habe dafür extra ein Fach im Küchenschrank eingerichtet. Ab und zu betrachte ich meine Schätze voller Stolz. Und schon fällt mir wieder etwas ein, was ich dafür passend zubereiten kann.

Alles, was es zu kaufen gibt

Man muß nicht immer viel Geld ausgeben, wenn man zum Eßgeschenk das passende Gefäß oder eine zusätzliche Gabe kaufen möchte. Aber man kann. Sie haben jedenfalls die große Auswahl. Hier einige Beispiele: Tassen für Konfekt, Teekannen zum Teegebäck, Keramik- oder gußeiserne Pfännchen für Butter, Griebenschmalz oder Salzmandeln. Pastetenformen für die selbstgemachte Pastete. Eierkörbchen, die mit Konfekt oder Bonbons gefüllt werden können. Weithalsige Vasen für Gebäck und Saucen, Betthupferlgläser mit Glasdeckel oder dicken Korken. Teller, Schalen, Bonbondosen, Käseglocken. Inhalt: Gebäck und Konfekt. Gläser aller Formen. Kellen aus Holz und Emaille. Und das alles – manchmal gar nicht so teuer – auch antiquarisch.
Sie können aber auch an Praktisches für die Küche denken. An Rührschüsseln und Töpfe, an Löffel und Saucieren (passend zum Beispiel zur Cumberlandsauce). An Eierbecher, in die Sie zu Ostern Konfekt einpacken. An einfache runde, ovale oder rechteckige Spankörbe, an Spanschachteln, Messingdosen, Butterdosen aus Holz oder Porzellan. An Herzformen zum Backen. Auch an andere kleine Backformen. Nein, Mangel an Geschenk-Ideen – den gibt es nicht. Nur Augen offen halten, man findet vieles!

Bitte das Rezept mitliefern

Vielleicht wollen Ihre Freunde Ihnen nacheifern und Ihr Hobby zu ihrem eigenen machen. Darum geizen Sie nicht mit den Rezepten. Liefern Sie sie mit. Fein säuberlich aufgeschrieben. An die Verpackung geheftet, aufs Gefäß geklebt oder einfach im Brief beigelegt. Das macht Ihr Geschenk dreifach wertvoll. Hobbyköchinnen können Sie einen besonderen Spaß damit machen, daß Sie lediglich das Rezept und die rohen Zutaten dazu liefern. Zubereiten können sie das Gericht selbst. Und werden es gerne tun.
Und noch ein Spaß: Schenken Sie ab und zu mal ein bißchen Eßzubehör. Zu den Salzstangen das Bier, zur Buttermischung das Brot. Zum Beispiel eines mit eingebackenen

Walnüssen. Zur Cumberlandsauce die Zutaten für gebackenen Camembert, zu dem diese Sauce vorzüglich schmeckt.

Die praktische Seite
Ein bißchen Technik

Schreiben Sie immer das Haltbarkeitsdatum auf Ihr Eßgeschenk. Etwa so: Achtung, ab 8. Oktober schmeckt's nicht mehr. Und wenn Sie Geschenke aus der Küche verschicken wollen, dann machen Sie sie postsicher. Es darf zum Beispiel nichts sein, was keine Wärme verträgt. Flaschen müssen in Holzwolle und dann noch in Kistchen oder Kartons verpackt werden. Und Rollmöpse überhaupt nicht verschicken. Sonst könnten Beschenkte und Post sauer auf Sie werden.
Sehr wichtig: Wo immer es sich anbietet, sollten Sie mit Küchenmaschine oder Handrührgerät arbeiten. Das ist ja heutzutage selbstverständlich. Darum habe ich es in den Rezepten auch nicht erwähnt.
Nicht zuletzt denken Sie bitte daran, daß Sie zu manchen Rezepten Spezialformen brauchen. Zum Beispiel für die reizenden Osterhasen, das Sülzkotelett, die Pasteten und Sülzen. In manchen Fällen kann man sich mit Aluformen helfen. Aber nicht in allen. Darum wäre es gut, wenn Sie die Rezepte vor dem Zubereiten aufmerksam lesen würden.

Entdeckungen
beim Einkaufsbummel

Leider ist auch alles schon gelaufen, wenn Sie Ihr Eßgeschenk fertig haben und Ihnen das passende Gefäß fehlt. Darum gehen Sie häufiger mal mit offenen Augen auf Einkaufsbummel. Kaufen Sie dabei gelegentlich Dinge, die Ihr neues Hobby noch interessanter machen. Etwa neue Ausstech- oder Kuchenformen in Form von Muscheln oder Kränzchen. Im Laufe des Jahres gibt es mit Sicherheit auch für Sie – je nach Familien- und Freundeskreis – 30 Geschenk-Anlässe. Wenn Sie mal nachzählen wollen? Je mehr Sie sich dazu einfallen lassen, umso mehr Freude werden Sie auslösen.

Die besten Geschenk-Ideen

Einladungen stehen ins Haus, Festtage vor der Tür. Ihre Frage: Was soll ich schenken? möchte ich beantworten. Mit 50 erprobten Rezepten für Geschenke aus der Küche. Wenn Sie jetzt umblättern, finden Sie alles für Feinschmecker und Naschkatzen, Bierfans und Schnapsjulchen, passionierte Köchinnen und Liebhaber herzhafter Gaumenfreuden. An Ihnen ist es, auszuwählen. Denn Sie wissen am besten, was bei Ihren Verwandten und Freunden ankommt.
Lassen Sie uns gemeinsam an die fröhliche Arbeit gehen. Jetzt, wo Sie vielleicht ein wenig Freizeit haben – und Spaß am phantasievollen Kochen und Backen. Für meine Eßgeschenke brauchen Sie oft nicht mehr als 20 Minuten. Die ganz schnellen schaffen sie sogar in 10. Theoretisch könnten Sie sechs Geschenke in einer Stunde schaffen. Praktisch natürlich auch. Suchen Sie solche aus, die eine längere Lagerzeit haben. Dann geraten Sie nie in Verlegenheit, wenn Sie unvorhergesehen etwas verschenken wollen. Es kann also losgehen.

Prall gefüllte Pralinenschachtel

Das Allerbeste für Naschkatzen und Naschkater
Bild Seite 27

Zutaten:
600 g Marzipan-Rohmasse
9 Eßl. Puderzucker
5 Eßl. Kirschwasser oder Rum
Kakao zum Wenden
10 Pistazienkerne
200 g bittere oder Vollmilchkuvertüre
50 g gut gekühlter Nougat
20 g gehackte Mandeln
1 Eßl. sehr festes Johannisbeergelee
Ingwerpulver
1 kleine eingelegte Ingwerknolle, feingehackt
2 Teel. abgeriebene Orangenschale
24 halbe Walnußkerne
Zimt
10 Kurpflaumen
10 halbe Mandeln

Zubereitungszeit:
1 Stunde

Kühlzeit:
12 Stunden

Lagerdauer:
2 Wochen, luftdicht verpackt, am besten im Kühlschrank

So wird's gemacht:
Die Marzipan-Rohmasse mit dem gesiebten Puderzucker, dem Kirschwasser oder Rum verkneten. Acht Teile abwiegen. Nacheinander folgendermaßen verarbeiten: 6 Marzipankugeln rollen. In Kakao wenden. • Marzipan mit 7 gehackten Pistazienkernen mischen. Auch 6 Kugeln formen. Mit halbierten Pistazien garnieren. So lassen oder in Kuvertüre tauchen, die im Wasserbad aufgelöst wird. • Gekühlten Nougat in 1 cm große Würfel schneiden. Marzipan ausrollen. In 1 cm breite Streifen schneiden. Um die Würfel rollen. Mit gehackten Mandeln garnieren. Nach Wunsch in Kuvertüre tauchen. • 6 Marzipankugeln formen. In die Mitte eine Mulde drücken. Etwas Johannisbeergelee hineingeben. Mit gehackten Mandeln bestreuen. Trocknen lassen. • Marzipan mit Ingwerpulver würzen. 6 Kugeln rollen. In Kuvertüre tauchen. • Marzipan mit feingehackter Ingwerknolle und Orangenschale (etwas zurücklassen) mischen. $1^1/_2$ cm dick ausrollen. In 10 Rhomben schneiden. Marzipanrest zu Kugeln formen. Alles in Kuvertüre tauchen. Mit geriebener Orangenschale garnieren. • Etwa 12 kleine Marzipankugeln formen. An jede Seite 1 Walnußkern drücken. So lassen oder einseitig in Kuvertüre tauchen. • Marzipan mit Zimt würzen. 10 kleine Kugeln formen. Entsteinte Kurpflaumen mit dem Marzipan füllen. In die Mitte je eine halbe Mandel drücken. • Alle Pralinen auf Alufolie über Nacht trocknen lassen und luftdicht verpacken.

So wird's hübsch verpackt und macht Spaß:
Eine Pralinenschachtel mit pinkfarbenem Papier auskleiden und überziehen. Kleine Schächtelchen basteln. Einkleben und mit Pralinen füllen. Mit einer dicken Schleife zubinden.

Gebackene Marzipanherzen

Für alle, die Sie ins Herz geschlossen haben
Bild Seite 17

Zutaten für 30 Stück:
500 g Marzipan-Rohmasse (fertig im Handel)
320 g Puderzucker
2 Eiweiße
1 Eigelb
3 Teel. Zitronensaft
etwa 10 kandierte Kirschen
etwa 60 Angelika-Streifen

Zubereitungszeit:
1 Stunde

Lagerdauer:
4 – 6 Wochen. Am besten einzeln in Klarsichtfolie verpackt

So wird's gemacht:
Die Marzipan-Rohmasse mit 200 g gesiebtem Puderzucker geschmeidig kneten. • Die Arbeitsfläche mit Puderzucker bestäuben. Den Marzipanteig darauf etwa 1 cm dick ausrollen. • Kleine Herzen ausstechen. Schmale Streifen schneiden. Die Herzen mit Eiweiß bestreichen. Die Streifen rundherum aufkleben. Mit einer Stricknadel die Ränder einkerben und diese mit verquirltem Eigelb bestreichen. • Den Grill oder den Backofen auf 200° vorheizen. Die Herzen aufs Backblech legen, unter dem Grill oder auf die oberste Leiste des Backofens schieben und 5 Minuten grillen/überbacken. Aber vorsichtig sein! Marzipan bräunt sehr schnell. Also bitte genau beobachten. • Das restliche Eiweiß mit dem übrigen Puderzucker und mit dem Zitronensaft zu einer dickflüssigen Glasur verrühren. Die Herzen damit füllen. • Sobald die Glasur fest wird, werden die Herzen mit Kirschen und Angelika-Streifen wie Blümchen garniert. • Den Guß endgültig trocknen lassen. Die Marzipanherzen in Klarsichtfolie verpacken und in Dosen aufbewahren.

So wird's hübsch verpackt:
Jedes Herz einzeln in Cellophan. • Das Cellophan oben zusammenfassen. Mit Silber- oder Goldband oder mit rotem oder grünem Seidenband dicke Schleifen binden. • Einzeln verschenken. Aber nur an Menschen, die Sie besonders gern mögen.

So macht's noch mehr Spaß:
Marzipanliebhabern schenke ich immer ein Herz voll Marzipanherzen. Diese Herzen gibt es aus Korb. Das gefüllte Herzkörbchen bekommt eine Verpackung aus hübschem Geschenkpapier und eine dicke Schleife, an der ich ein Marzipanherz befestige.

Mein Tip:
Ich steche auch gelegentlich runde oder ovale kleine Formen aus. Sie werden genauso weiter verarbeitet wie die Herzen. Zur Abwechslung fülle ich sie mal mit Konfitüre, zerlassener Schokolade oder zerlassenem Nougat.

Bunte Lebkuchenfiguren

Dafür gibt es viele Geschenkanlässe

Bild Seite 56

Zutaten für etwa 5 große Figuren und 10 Sterne oder andere Formen:

50 g Butter oder Margarine
150 g Zucker
1 Päckchen Vanillinzucker
1 kräftige Prise Salz
2 Eier
100 g flüssiger Honig
500 g Mehl
1 Päckchen Backpulver
je $^1/_2$ Teel. Anis, Zimt und Kardamom (gemahlen)

Für Guß und Garnierung:

150 g Puderzucker
1 Eiweiß
bunte Zuckerlinsen
Schokoladenplätzchen
Salmis

Zubereitungszeit:
Knapp 2 Stunden

Ruhezeit:
2 Stunden

Lagerdauer:
In Folie 4 Wochen

Mein Tip:
Diese reizenden Figuren können Sie zu Verlobungen, Hochzeiten, Kindtaufen, zu Weihnachten und Geburtstagen verschenken.

So wird's gemacht:
Die Butter oder Margarine schaumig rühren und nach und nach den Zucker, den Vanillinzucker und das Salz einrieseln lassen. Dann die Eier und den Honig unterrühren. • Das Mehl mit dem Backpulver und den Gewürzen mischen, zwei Drittel in die Fett-Zucker-Masse rühren, den Rest hineinkneten. • Den Teig 2 Stunden ruhen lassen. • Nach unseren Abbildungen Figuren auf weißen Karton zeichnen und ausschneiden. • Den Backofen vorheizen: Elektroherd auf 175°, Gasherd Stufe 2. • Den Teig auf bemehlter Arbeitsfläche etwa 1 cm dick ausrollen, die Kartonformen auflegen und den Teig danach mit einem scharfen Messer ausschneiden. • Das Backblech mit Mehl bestäuben. Die Teigformen darauflegen. In den Backofen auf die mittlere Leiste schieben und 15 Minuten backen. • Die Figuren auf einem Kuchengitter auskühlen lassen. • Den gesiebten Puderzucker mit dem Eiweiß glattrühren, in eine Plastiktüte füllen, die Spitze 1 mm breit abschneiden und die Figuren damit hübsch garnieren. Auf den halb angetrockneten Guß die Zuckerlinsen, Schokoladenplätzchen und Salmis kleben.

So wird's hübsch verpackt:
Eine Unterlage aus Pappe zuschneiden, mit Alufolie bespannen und die Figur darauflegen. In Cellophan oder Seidenpapier wickeln. Mit der Schleife ein Blümchen (oder zu Weihnachten einen Tannenzweig) festbinden.

So macht's noch mehr Spaß:
Zur Hochzeit können Sie den Husaren und eine passende Frau auf Frühstücksbrettern verschenken. Zur Taufe den dicken bunten Spatz auf zwei schönen Glastellern, zur Verlobung zwei Sterne auf einem Untersetzer und zum Kindergeburtstag (oder für den Reiter) das Schaukelpferd in einer Spanschachtel.

Amsterdamer Pitmoppen

Wenn Sie zum Holland-Erinnerungsabend eingeladen sind
Bild Seite 18

Zutaten für etwa 100 Stück:

300 g Butter
300 g Zucker
2 Eier
abgeriebene Schale von 1 Zitrone
1 Prise Salz
$^1/_2$ Teel. Backpulver
500 g Mehl

Zum Garnieren:

1 Eigelb
geschälte Mandeln, halbiert

Zubereitungszeit:

1 Stunde

Kühlzeit:

1 Stunde

Lagerdauer:

Mindestens 4 Wochen in gut schließender Blechdose

Mein Tip:

Bitte denken Sie bei Backrezepten immer daran, daß jeder Backofen anders arbeitet. Beobachten Sie die Pitmoppen während des Backens. Es kann sein, daß sie in Ihrem Backofen weniger Garzeit brauchen. Oder auch mehr.

So wird's gemacht:

Die Butter in einer Schüssel schaumig rühren, nach und nach den Zucker zugeben, die Eier, die Zitronenschale und das Salz. • Das Backpulver mit dem Mehl mischen, auf die Buttermasse geben und unterkneten. • Den Teig für 1 Stunde zugedeckt in den Kühlschrank stellen. • Den Backofen vorheizen: Elektroherd auf 200°, Gasherd auf Stufe 3. • Den Teig portionsweise auf der bemehlten Arbeitsfläche 4 mm dick ausrollen und in Quadrate von 4 cm Seitenlänge schneiden. (Sollte sich der Teig schlecht ausrollen lassen, kommt er noch etwas in den Kühlschrank) • Das Eigelb mit wenigen Tropfen Wasser verrühren. • Die Teigstücke damit bestreichen, und mit je 4 Mandelhälften sternförmig garnieren. • Ein Backblech einfetten, die Pitmoppen nicht zu nah aneinander darauflegen, in den Backofen schieben (mittlere Leiste) und in 15 Minuten goldgelb backen. • Aus dem Backofen nehmen und auf einem Kuchengitter auskühlen lassen.

So wird's hübsch verpackt:

Pitmoppen kann man wie eine Säule aufeinanderschichten. Tun Sie das und packen Sie sie fein säuberlich in Alufolie (damit sie ihr Aroma behalten) und dann in Geschenkpapier. Zum Beispiel in solches mit blauen Kachelmotiven oder mit Windmühlen. Denn ein bißchen holländisch soll's schon aussehen.

So macht's noch mehr Spaß:

Versuchen Sie eine Porzellanzuckerdose zu bekommen – vielleicht mit einem holländischen Motiv. Oder eine Delfter Schale, wenn Sie mehr Geld ausgeben wollen. Füllen Sie die Pitmoppen hinein. In blütenweißes Seidenpapier wickeln und eine dicke, hollandblaue Schleife draufbinden.

Heidesand

Wenn Sie zum Kaffeklatsch gehen
Bild Seite 18

Gebackene Marzipanherzen ▷ (Rezept Seite 13) passen gut in die Adventszeit und zu Weihnachten.

Zutaten für etwa 100 Stück:
250 g Butter
250 g Zucker
1 Prise Salz
1 Teel. Vanillinzucker
375 g Mehl
2 Eßl. Milch

Zum Garnieren:
1 Eigelb
Zucker

Zubereitungszeit:
45 Minuten

Kühlzeit:
1 Stunde

Lagerdauer:
4 Wochen in einem gut schließenden Gefäß

So wird's gemacht:
Die Butter in einem Topf braun (aber bitte nicht dunkelbraun) werden lassen, in die Backschüssel gießen und erkalten lassen. • Den Zucker, das Salz und den Vanillinzucker zugeben, schaumig rühren, das Mehl nach und nach erst einrühren, dann einkneten. Dabei die Milch in den Teig arbeiten. • Die Arbeitsfläche mit Mehl bestäuben. Darauf den Teig in 4 cm dicke Rollen formen, in Alufolie gepackt für 1 Stunde in den Kühlschrank stellen. • Den Backofen vorheizen: Elektroherd auf 175°, Gasherd auf Stufe 2. • Die Teigrollen zuerst mit verquirltem Eigelb bestreichen, dann in Zucker wenden. • Etwa $^1/_2$ cm dicke Scheiben abschneiden, auf ein gefettetes Backblech legen, in den Backofen auf die mittlere Leiste schieben und 15 Minuten backen.

So wird's hübsch verpackt:
Heidesand passen in rustikale Behälter. Zum Beispiel in runde oder ovale Spankörbchen oder Dosen (mit Deckel) aus Korb. Mit einer hübschen Serviette auslegen, darauf Alufolie, weil Heidesand fettet. Die Folie zusammenfalten, die Serviette nur lose drüberlegen. Gepackt wird das Ganze in eine hübsche kleine Papiertragetasche, die es in Schreibwarengeschäften gibt.

So macht's noch mehr Spaß:
Heidesand zur Zeit der Heideblüte – Ende August – backen. In ein Gebäckglas mit Stiel und Deckel füllen. In dunkellila Papier wickeln und einen Strauß Heide (Erika) mit einem grünen Band daran befestigen.

Mein Tip:
Heidesand in fein gehackten Mandeln gerollt, sind sehr gut. So backe ich sie oft. Sie bringen aber auch ein paar Kalorien mehr.

◁ o.l. Amsterdamer Pitmoppen (S. 15)
o. r. Arrakbrezeln (diese Seite)
u.l. Basler Leckerli (S. 20)
u.r. Heidesand (S. 16)

Arrakbrezeln

Onkel Emil, diesem Süßschnabel, zum Berufsjubiläum
Bild gegenüberliegende Seite

Zutaten
für etwa 80 Brezeln:
300 g Mehl
1 Eigelb
1 Prise Salz
das Innere von 1/2 Vanilleschote
100 g Puderzucker
200 g Butter

Zum Glasieren:
1/2 Eiweiß
Puderzucker
2 Glas Arrak (4 cl)

Zubereitungszeit:
1 Stunde und 15 Minuten

Kühlzeit:
30 Minuten

Lagerdauer:
Etwa 4 Wochen in fest schließendem Gefäß

Mein Tip:
Nicht jeder hat eine Flasche Arrak in seinem Alkoholvorrat. Aber bestimmt ein Minifläschchen Arrak-Aroma im Backzutaten-Fach. Damit können Sie den Zuckerguß auch würzen.

So wird's gemacht:
Das Mehl in eine Schüssel geben, in die Mitte davon das Eigelb, das Salz, das Vanillemark und den gesiebten Puderzucker. Das Eigelb etwas verrühren und die Butter in Flöckchen darauf verteilen. • Von außen nach innen schnell einen glatten Teig kneten. Am besten mit kalten Händen. • Den Teig zugedeckt 30 Minuten in den Kühlschrank stellen. • Den Backofen vorheizen: Elektroherd auf 175°, Gasherd auf Stufe 2. • Den Teig portionsweise aus dem Kühlschrank nehmen. Davon zarte dünne Stangen auf einer bemehlten Arbeitsfläche rollen. (Sollte sich der Teig schlecht rollen lassen, noch etwas in den Kühlschrank stellen.) • Kleine Brezeln daraus formen. • Die Brezeln auf ein sauberes, nicht gefettetes Backblech legen. In den Backofen auf die mittlere Leiste schieben und 15 Minuten backen. • Aus dem Backofen nehmen und auf einem Kuchengitter abkühlen lassen. • Zum Glasieren das Eiweiß mit dem gesiebten Puderzucker und dem Arrak verrühren. Die Glasur soll dickflüssig sein. • Die Brezeln in die Glasur tauchen und auf dem Kuchengitter trocknen lassen.

So wird's hübsch verpackt:
Einen Glasteller bekommen Sie schon für zweimarkfünfzig. Einen formschönen, wohlgemerkt. Den packen Sie voll Arrakbrezeln, legen etwas Klarsichtfolie drauf und wickeln das Ganze in einfarbiges Geschenkpapier, in gelbes, rotes, grünes oder blaues. Zugebunden wird mit einer Bastschleife.

So macht's noch mehr Spaß:
Eine feine Porzellanschüssel wie auf unserem Foto wählen. Oder eine Gebäckdose. Füllen und in Geschenkpapier einpacken. Dazu Blumen im passenden Farbton schenken.

Basler Leckerli

Wenn Sie zur Bridgerunde eingeladen sind
Bild Seite 18

Zutaten für 100 Stück:
350 g Honig
350 g Zucker
250 g Mandeln (geschält), Haselnüsse und Walnüsse
570 g Mehl
1 Zitrone
125 g Zitronat und Orangeat
30 g Zimt
2 Teel. gemahlene Gewürznelken
etwas ger. Muskatnuß
2 Teel. Hirschhornsalz
2 Teel. Pottasche
1 Glas Kirschwasser (2 cl)
1 Glas Arrak (2 cl)

Zubereitungszeit:
70 Minuten

Ruhezeit:
3 Tage

Lagerdauer:
4 – 8 Wochen in Metalldosen

Mein Tip:
Leckerli gelegentlich mal mit zerlassener Kuvertüre überziehen. Das ist zwar nicht echt baslerisch, schmeckt aber sehr gut.

So wird's gemacht:
Den Honig und 250 g Zucker in einem Topf unter Rühren aufkochen. • Die Mandeln in dünne Scheiben, die Hasel- und Walnüsse beliebig kleinschneiden und mit dem Mehl in einer Schüssel mischen. • Die Zitronenschale hineinreiben und den Zitronensaft dazugeben. • Das Zitronat und das Orangeat fein hacken, mit den Gewürzen und dem Hirschhornsalz in die Schüssel zum Mehl geben und alles gut mischen. • Die Pottasche in dem Kirschwasser und dem Arrak auflösen und in die leicht abgekühlte Honig-Zucker-Masse geben. Diese nach und nach ins Mehl rühren. Alles zu einem Teig verarbeiten. Den Teig zu einem Laib formen und 3 Tage zugedeckt ruhen lassen. • Den Backofen vorheizen: Elektroherd auf 200°, Gasherd auf Stufe 3. • Ein Backblech einfetten, den Leckerli-Teig darauf gut 1 cm dick ausrollen und in den Backofen auf die mittlere Leiste schieben und 20 Minuten backen. • Den restlichen Zucker mit wenig Wasser aufkochen und den heißen Kuchen damit bestreichen. Den Kuchen in 3 cm breite, 5 cm lange Rechtecke schneiden und auf dem Kuchengitter abkühlen lassen. • Die Basler Leckerli einige Tage – etwa fünf – offen stehen lassen. Am besten in einem feuchten Raum. Dann in Blechdosen aufbewahren.

So wird's hübsch verpackt:
Ein kleines Säckchen aus kariertem Baumwollstoff nähen, Basler Leckerli einfüllen und mit einer weißen Baumwollkordel zubinden.

So macht's noch mehr Spaß:
Das Gebäck auf einen Zinnteller oder in eine Zinnschale legen. Nicht gleich alle hundert Stück. Einen so großen Teller gibt's kaum. Klarsichtfolie darüberspannen und in sattbraunes Geschenkpapier einwickeln. Das Ganze bekommt eine dicke braune Schleife und eine orangefarbene Blume. Zum Beispiel eine Gerbera.

Sahnebonbons

Zur Stärkung während der Prüfungstage
Bild 3. Umschlagseite

Zutaten für 40 Stück:
$^1/_2$ l Sahne
250 g Zucker
1 Eßl. Butter
1 Päckchen Vanillinzucker
50 g Puderzucker

Zubereitungszeit:
35 Minuten

Kochzeit:
1 Stunde

Lagerdauer:
In Cellophan verpackt
4 Wochen

So wird's gemacht:
Die Sahne mit dem Zucker, der Butter und dem Vanillinzucker in einem Topf unter Rühren aufkochen, weiter köcheln lassen und so lange rühren, bis sich der Zucker aufgelöst hat. Dann nur noch gelegentlich rühren und insgesamt 60 Minuten leicht kochen lassen. • Den gesiebten Puderzucker in die inzwischen hellbraune, dickflüssige Masse mischen. • Ein backblechgroßes Stück Alufolie mit Öl bestreichen, die Masse darauf 1 cm hoch verteilen und glattstreichen. • Sobald die Sahnemasse dick zu werden beginnt, wird sie in Würfel von $1^1/_2$ cm geschnitten. • Die Bonbons auskühlen lassen.

So wird's hübsch verpackt:
Jedes Bonbon einzeln in Cellophan wickeln, das an den Enden zusammengedreht wird. Nun können Sie sie in ein buntes Tütchen oder in ein Stoffsäckchen füllen und verschenken. Sie können die Bonbons aber auch mit dünnen bunten Bändchen – je ein Cellophanende ans andere – zu einer langen Schlange aneinanderbinden.

So macht's noch mehr Spaß:
Ein kleines Kupfer- oder Messingtöpfchen oder eine Messingdose kaufen. Mit Sahnebonbons füllen und in Geschenkpapier mit Blümchenmotiven wickeln.

Mein Tip:
Manchmal bräune ich 300 g Zucker unter Rühren in der Pfanne, gebe $^1/_8$ l kochendes Wasser, 1 Eßl. Butter und $^1/_8$ l Sahne dazu und erhitze das Ganze bis kurz vorm Siedepunkt. Dann arbeite ich weiter, wie im Rezept angegeben. Vorteil: Ich spare 40 bis 50 Minuten Zeit. Und das ist ja schon was.

Osterhasen

Zum Osterfest für Nichten und Neffen

Zutaten für 3 Osterhasen:

4 Eier
200 g Zucker
1 Päckchen Vanillinzucker
1 Prise Salz
350 g Mehl
$1^1/_2$ Teel. Backpulver
Saft und abgeriebene Schale von 1 Zitrone
1 Glas Rum (2 cl)
50 g Puderzucker oder
3 Päckchen Kuvertüre

Zubereitungszeit:

1 Stunde

Lagerdauer:

2 Wochen in Alufolie verpackt

Mein Tip:

Die fertig gebackenen Osterhasen stehen sozusagen auf einem festen Fuß. Also auf einem Kuchenrand. Bekleben Sie ihn rundherum mit bunten Zuckerostereiern. Kinder freuen sich besonders darüber.

So wird's gemacht:

Die Eier in Eiweiße und Eigelbe trennen. • Die Eigelbe mit dem Zucker, dem Vanillinzucker und dem Salz in der Backschüssel schaumig rühren. • Den Backofen vorheizen: Elektroherd auf 225°, Gasherd auf Stufe 4. • Das Mehl und das Backpulver mischen und nach und nach mit dem Zitronensaft und der -schale und mit dem Rum in die Ei-Zucker-Masse rühren. Zum Schluß das steifgeschlagene Eiweiß unterheben. • Drei Osterhasenformen (sie sind etwa 10 cm breit und 25 cm lang) einfetten und mit Teig füllen. • Die Formen auf die mittlere Leiste in den Backofen stellen. • Die Osterhasen 30 Minuten backen. • Die Formen aus dem Backofen nehmen, nach etwa 5 Minuten stürzen und die Häschen auf dem Kuchengitter abkühlen lassen. • Die Osterhasen entweder mit Puderzucker bestäuben oder mit im Wasserbad aufgelöster Kuvertüre überziehen.

So wird's hübsch verpackt:

Es kommt darauf an, wem Sie einen Osterhasen schenken wollen. Kindern macht es Spaß, wenn man sie in ein Nest aus Ostergras setzt, ein paar bunte Ostereier drumherum legt und das Ganze in österliches Geschenkpapier wickelt. Für Erwachsene kann man sie auf ein Lacktablett setzen und in grünes Seidenpapier wickeln.

So macht's noch mehr Spaß:

Damit der Beschenkte später selber Osterhasen backen kann, liefern Sie Ihr kleines Kunstwerk in der Form ab. Es gibt sie im Fachhandel. Um den Hals bekommt der Osterhase eine dicke Schleife, an die Sie noch ein Glöckchen binden können.

Zimtsterne für Diabetiker

Große Weihnachtsfreude für Onkel Wilhelm

Zutaten für etwa 25 Stück:

- 175 g ungeschälte Mandeln
- 2 Eiweiße
- 1 Prise Salz
- 200 g Sionon (Diabetikerzucker)
- 1 Eßl. Zitronensaft
- 1 Teel. Zimt

1 Zimtstern enthält 1,3 g Kohlenhydrate = unter 0,1 BE

Zubereitungszeit:
80 Minuten

Lagerdauer:
Luftdicht verschlossen mindestens 4 Wochen

Mein Tip:
Mandelteig löst sich nicht so leicht vom Blech. Beste Hilfe: Die ausgestochenen Sterne auf Oblaten legen und abbacken. Aber bitte vorher erkunden, ob der Beschenkte Oblaten mag. Viele Menschen haben eine Abneigung dagegen.

Ich habe es selbst erlebt: Keiner war so begeistert über ein Geschenk aus meinem eigenen Herd, wie ein Diabetiker. Er strahlte förmlich. Endlich schmeckte ihm Süßes mal wieder. Vielleicht werden die Zimtsterne auch Ihr erfolgreichstes Eß-Geschenk?

So wird's gemacht:
Die Mandeln reiben. • Die Eiweiße mit dem Salz zu sehr steifem Schnee schlagen. Nach und nach das Sionon, den Zitronensaft und den Zimt in den Eischnee rühren. • Etwa $^1/_3$ der Schaummasse abnehmen und beiseite stellen. Den Rest mit den Mandeln mischen. • Den Backofen vorheizen: Elektroherd auf 100°, Gasherd auf Stufe 1. Beim Gasherd Türe einen spaltbreit offenhalten. • Den Teig auf Alufolie $^1/_2$ cm dick ausrollen. Aber vorsichtig. Er bricht so leicht. • Kleine Sterne ausstechen und mit der zurückbehaltenen Eischneemasse überziehen. Die Sterne aufs leicht gefettete Backblech legen. • In den Backofen auf die mittlere Leiste schieben und 40 Minuten backen. Dann noch gut 10 Minuten bei 50°, ausgeschaltetem Gasherd, nachbacken. Die Zimtsterne sollen eher trocknen als braun werden. • Aus dem Backofen und mit einem angefeuchteten Messer vom Blech nehmen. Auf dem Kuchengitter auskühlen lassen.

So wird's hübsch verpackt:
Die Zimtsterne in Cellophanbeutel füllen. Besser noch: Einzeln in Folie packen, weil sie leicht kleben. Beutel mit Seidenband zubinden. Obendran kommt eine Banderole mit der Aufschrift: 1 Zimtstern enthält 1,3 g Kohlenhydrate. Ein Tütchen Jasmintee und ein Döschen Süßstofftabletten beipacken. Für die Teestunde.

So macht's noch mehr Spaß:
Besorgen Sie sich eine hübsche, möglichst antik aussehende ovale Spanschachtel.

Würzkuchen für Diabetiker

Das schönste Geschenk für alle, die mit Süßem geizen müssen

Zutaten:

100 g Möhren
30 g Margarine
100 g Fruchtzucker
1 Ei
je $^1/_2$ Teel. gemahlener Zimt, Ingwer und Gewürznelken
1 Prise Salz
$^1/_2$ Päckchen Backpulver
250 g Mehl (besser noch Diabetikermehl)
abgeriebene Schale von $^1/_2$ Zitrone
6 Eßl. Milch

1 Scheibe Würzkuchen enthält 14,3 Kohlenhydrate = 1,2 BE

Zubereitungszeit:

1 Stunde und 30 Minuten

Lagerdauer:

Fest verschlossen
2 Wochen

Mein Tip:

Füllen Sie den Teig mal in rechteckige, eingefettete Aluformen und backen ihn darin. Dann können Sie den Kuchen in den Formen verschenken.

So wird's gemacht:

Die Möhren putzen, waschen, abtrocknen und fein reiben. • Die Margarine mit dem Fruchtzucker in einer Schüssel cremig rühren. Das Ei und die Gewürze hineingeben und alles mischen • Den Backofen vorheizen: Elektroherd auf 175°, Gasherd auf Stufe 2. • Jetzt kommen die Möhren in die Masse, dann das mit dem Backpulver gemischte Mehl und die Zitronenschale. • Der Teig muß schwerreißend vom Löffel fallen. Tut er das nicht, dann geben Sie die Milch hinein. • Eine Kastenform einfetten, den Teig einfüllen und in den Backofen auf die mittlere Leiste stellen. • Den Kuchen 60 Minuten backen. • Die Form aus dem Backofen nehmen und den Kuchen zum Auskühlen auf ein Gitter stürzen. • 15 Scheiben auf dem Kuchen markieren (jede Scheibe enthält 14,3 Kohlenhydrate = 1,2 BE). Wenn Sie in zwei Förmchen gebacken haben, hat jede Scheibe nur die Hälfte Kohlenhydrate und Broteinheiten.

So wird's hübsch verpackt:

Den Kuchen auf eine passende Glasplatte legen, in Geschenkpapier wickeln. Ein paar Blümchen mit einem Seidenband draufbinden und nicht vergessen, das mit den Kohlenhydraten = BE auf einem Zettelchen zu vermerken.

So macht's noch mehr Spaß:

Einen länglichen Brotkorb mit buntem oder einfarbigem Deckchen kaufen. Den Kuchen in 15 Scheiben schneiden. Jede Scheibe einzeln in Klarsichtfolie wickeln. Hintereinander in den Korb legen; an eine Seite ein paar Strohblümchen als Dekoration. Und wenn Sie möchten, noch eine Gebäckzange aus Holz dazupacken. In einfarbiges Geschenkpapier wickeln.

Wodka-Sauerkirsch-Marmelade

Für Frühstückfans – zur Hochzeit
Bild 1. und 2. Umschlagseite

Zutaten:
1500 g Sauerkirschen
1750 g Zucker
5 g kristallisierte Zitronensäure
1 Normalflasche flüssiges Geliermittel
$^1/_8$ l Wodka

Zubereitungszeit:
50 Minuten

Lagerdauer:
1 Jahr

So wird's gemacht:
Die Kirschen waschen, abtropfen lassen, entstielen und entsteinen. • Das Fruchtfleisch durch den Fleischwolf – grobe Scheibe – drehen, in einen großen Topf füllen und den Zucker und die Zitronensäure zufügen. • Auf den Herd stellen und bei geringer Hitze unter ständigem Rühren 10 Minuten kochen lassen. • Das Geliermittel in die Masse geben, die Hitze verstärken, die Mischung aufwallen lassen und sofort vom Herd nehmen. • Den Wodka in die Fruchtmischung rühren. • Die Marmelade in sauber gespülte, getrocknete Gläser füllen. Die Gläser mit Einmach-Cellophan verschließen und auskühlen lassen. • Die Marmelade an einem kühlen Ort aufbewahren.

So wird's hübsch verpackt:
Das Marmeladenglas bekommt ein hübsches Etikett mit Aufschrift. Dann verpacken Sie es in Geschenkpapier und stellen es in eine Kunststoffdose mit Deckel. Die gibt's preiswert in allen Farben. Man kann sie später als Vorratsdose verwenden.

So macht's noch mehr Spaß:
Schreiben Sie auf ein Etikett, was im Marmeladenglas ist. Packen Sie es in einen hübschen Brotkorb. Dazu ein kleines Brot, ein Viertel Butter, Frühstückseier und einen hübschen Salzstreuer mit Salz. Damit der Beschenkte schon am nächsten Morgen beim Frühstück an Sie denkt.

Mein Tip:
Wenn Sie ausgesprochene Konfitüren-Liebhaber zu beschenken haben: nur die Hälfte der Sauerkirschen pürieren und die übrigen ganz lassen.

Whisky-Orangen-Marmelade

Feines Geschenk zur Wochenend-Einladung
Bild Seite 28

Die prall gefüllte Pralinenschachtel ist fast schon eine kleine Liebeserklärung! (Rezept Seite 12) ▷

Zutaten:
500 g ungespritzte Orangen, mit Schale gewogen
$^1/_4$ l Wasser
875 g Zucker
5 g kristallisierte Zitronensäure
$^1/_2$ Normalflasche flüssiges Geliermittel
6 Eßl. Whisky

Zubereitungszeit:
40 Minuten

Lagerdauer:
Ein Jahr

So wird's gemacht:
Die Orangen gründlich in heißem Wasser waschen und abtrocknen. • Die Schale von 2 Orangen superdünn abschälen. Es darf keine weiße Haut daran sein, weil sie bitter ist. Die Schale in sehr feine, kurze Streifen schneiden. • Das Wasser mit 125 g Zucker und der Orangenschale im geschlossenen Topf 15 Minuten kochen lassen, dabei gelegentlich umrühren. • Die weiße Haut von den bereits geschälten Orangen abziehen. Auch die übrigen Orangen schälen. Das Fruchtfleisch kleinschneiden, entkernen und im Mixer pürieren oder durch den Wolf (feine Scheibe) drehen. • Das Fruchtmus in einen großen Topf füllen, die Orangenschalen mit dem Wasser, den restlichen 750 g Zukker und der Zitronensäure mischen und unter Rühren erhitzen. Kurz vor dem Kochen das Geliermittel einrühren, aufwallen lassen und vom Herd nehmen. Den Whisky einrühren. • Noch heiß in gespülte Gläser füllen und sofort mit Einmach-Cellophan verschließen.

So wird's hübsch verpackt:
Am besten nehmen Sie Marmeladengläser, zu denen Sie die passenden Twist-off-Deckel haben. Damit verschlossen, wird nach Großmutters Art ein quadratisches Stückchen Stoff – geblümt oder kariert – um den Verschluß gebunden. Schreiben Sie ein hübsches Etikett – und Ihr Geschenk ist fertig.

So macht's noch mehr Spaß:
Die Marmelade in eine hübsche Marmeladendose oder in ein besonders schönes Whisky-Glas füllen. In Cellophan einpacken, eine Schleife drumbinden und eine Silberdistel dranstecken.

Mein Tip:
Für alle, die keinen Whisky mögen – das gibt's wirklich – verwende ich den französischen Grand-Marnier, der einen besonders intensiven Orangengeschmack hat.

14 15
17 18
20 21
23 24

◁ Die so oft ratlos gestellte Frage, was man IHM schenkt, ist mit Whisky-Orangen-Marmelade (Rezept Seite 26) bestens beantwortet.

Rumfrüchte aus Trockenobst

Muntermacher für Vielbeschäftigte
Bild 2. Umschlagseite

Zutaten:

100 g getrocknete Aprikosen
100 g getrocknete Apfelringe
250 g Zucker
$^1/_8$ l Wasser
1 Teel. Zimt
1 Teel. gemahlener Ingwer
etwa $^1/_2$–$^3/_4$ l Rum (54 %)

Zubereitungszeit:
30 Minuten

Abkühlzeit:
30 Minuten

Lagerdauer:
Praktisch unbegrenzt, weil der Alkohol gut konserviert

Mein Tip:
Manchmal mische ich auch Aprikosen, Apfelringe, Pflaumen und Birnen – alles getrocknet – nur mit Rum. Für Leute, die's nicht so süß mögen.

So wird's gemacht:
Die Trockenfrüchte in ein Glas füllen. • Den Zucker mit dem Wasser in einem Topf 20 Minuten dickflüssig kochen. • Die Gewürze in den Zuckersirup rühren und diesen abkühlen lassen. • Den Sirup und den Rum mischen, auf die Trockenfrüchte gießen. Sie müssen 2 cm hoch bedeckt sein. • Das Glas mit Cellophan schließen und 10 Tage ruhen lassen. Dann werden die Rumfrüchte zum Genuß freigegeben.

So wird's hübsch verpackt:
Wenn Sie ein schönes Glas gewählt haben, brauchen Sie die Rumfrüchte nicht mehr umzufüllen. In Geschenkpapier verpacken und mit einer Schleife versehen. Man kann die Rumfrüchte aber auch in ein kleines Bonbonglas umfüllen. Den Deckel bitte mit Tesafilm befestigen. Sonst läuft der Rum beim Transport aus.

So macht's noch mehr Spaß:
Es gibt dekorative Einmachgläser mit Deckel und Klammern als Verschluß. Kaufen Sie eines davon und füllen die Rumfrüchte hinein. Binden Sie einen hübsch geschriebenen Zettel dran, auf dem stehen sollte: Rumfrüchte passen prima als Beilage zu Süßspeisen, vor allem zu Eis, aber auch mit Sekt aufgegossen als Getränk oder zu allen Curry-, Fleisch- und Fischgerichten.

Brandy-Pfirsich

Trostgeschenk für Freunde im Umzugsrummel
Bild 2. Umschlagseite

Zutaten:
1 Dose Pfirsichhälften
$^1/_2$ l Weinbrand
$^1/_2$ Vanilleschote
5 Maraschinokirschen

Zubereitungszeit:
5 Minuten

Lagerdauer:
4 Wochen

So wird's gemacht:
Die Pfirsichhälften mit etwa 6 Eßlöffel Fruchtsaft in ein Bonbonglas füllen. • Den Weinbrand über die Pfirsiche gießen, die Vanilleschote und die Maraschinokirschen hineingeben, das Glas fest verschließen und 10 Tage ruhen lassen.

So wird's hübsch verpackt:
Das Bonbonglas bekommt eine dicke Schleife um den Hals. Vielleicht wählen Sie mal Lila. Das paßt schön zur Farbe des Weinbrandes. Zwischen Schleife und Glas eine dicke, goldbraune Strohblume stecken.

So macht's noch mehr Spaß:
Es gibt so schöne Glasvasen. Auch solche, die man vorzüglich mit Brandy-Pfirsich füllen kann. Oben werden sie mit Klarsichtfolie abgedeckt und dann zusätzlich festgebunden. Erst mit Baumwollband, dann mit einer dicken Schleife. Einen Blumenstrauß gibt's extra. Und bitte beim Transport schön vorsichtig sein, damit das köstliche Wässerchen nicht überschwappt.

Mein Tip:
Eine gute Abwandlung, die Ihnen auch Anerkennung einbringen wird: 10 getrocknete Kur-Aprikosen mit einer dicken Nadel mehrmals einstechen. In ein Glas legen und mit ungarischem Aprikosengeist (Barrack Pálinka) begießen. Der Alkohol muß 2 cm über den Früchten stehen. 10 Tage ruhen lassen. Dann kann man diese köstliche Mischung verschenken.

Walnußwasser

Das braucht Tante Traudchen dringend als Seelentröster

Zutaten:

60 g grüne Walnüsse
1 l Cognac oder Weinbrand
$^{1}/_{4}$ l Kirschwasser
10 Gewürznelken
2 Stückchen Stangenzimt
250 g weißer Kandiszucker
250 g Zucker

Zubereitungszeit:

10 Minuten

Ruhezeit:

4 Wochen

Lagerdauer:

Mindestens 1 Jahr

So wird's gemacht:

Die grünen Walnüsse waschen, abtrocknen und kleinschneiden. • Die Früchte mit dem Cognac oder dem Weinbrand, dem Kirschwasser, den Gewürzen und dem Kandiszucker in eine Flasche mit weitem Hals füllen. Die Flasche fest verkorken und kräftig schütteln. • Die Flasche an einen warmen Platz in der Küche, besser noch für vier Wochen in die Sonne stellen. • Das Nußwasser durch ein Tuch in einen Topf seihen. • Den Zucker dazugeben und verrühren, bis er sich aufgelöst hat. • Das Nußwasser in eine frisch gespülte, trokkene Flasche füllen, fest verkorken und kühl lagern.

So wird's hübsch verpackt:

Gewiß haben Sie hier und da mal eine hübsche Flasche aufbewahrt. Füllen Sie das Nußwasser ein. Verkorken Sie die Flasche fest und wickeln Sie sie in Papier. Papier am Flaschenboden festkleben, oben mit der Hand fest um den Flaschenhals winden. Überstehende Manschette von oben zum Korken hin einschneiden, so daß kleine Streifen entstehen.

So macht's noch mehr Spaß:

Für besondere Gelegenheiten kommt das Nußwasser in eine dickbauchige, edle Kristallkaraffe. Schreiben Sie das Rezept auf hübsches Papier. Am besten auf einen schmalen Streifen, den Sie um den Hals der Karaffe befestigen. Aus einem kleinen Seidentuch (ein indisches ist preiswert) mit losen Stichen ein Säckchen nähen und mit Walnußpralinen füllen. Beides getrennt in sonnengelbes Seidenpapier packen.

Mein Tip:

Da man nur im Herbst grüne Walnüsse erhält, helfe ich mir in der übrigen Jahreszeit mit Walnußkernen. Bitte nicht zu sehr zerkleinern.
Sie brauchen dazu 125 g.

Karibik-Bolo

Paßt prima für eine Einstandsparty

Zutaten:
1 frische Kokosnuß
1/4 l brauner Rum (40 oder 54 %)

Zubereitungszeit:
10 Minuten

Ruhezeit:
14 Tage im Kühlschrank

Lagerdauer:
4 – 6 Wochen

Mein Tip:
Ein gemixter karibisch-französischer Bolo (er ist übrigens ein typisches Getränk von den Inseln der Karibischen See) wird daraus, wenn Sie die Kokosnuß halb mit Rum, halb mit Cointreau füllen. Gedacht ist der Bolo als Aperitif oder – mäßig getrunken – als Party-Drink. Je nach Trinkfreudigkeit reicht dieses Rezept für 2 – 4 Personen.

So wird's gemacht:
Die Kokosnuß hat am unteren Ende drei Vertiefungen, die man Augen nennt. Zwei davon werden mit dem Dosenöffner aufgestochen. • Das Kokoswasser aus der Nuß laufen lassen. (Man kann es trinken). • Die Fasern entfernen. • Einen dünnen Trichter in die Öffnung der Kokosnuß stekken und den Rum einfüllen. • Beide Löcher mit Alufolie zustopfen; eventuell zusätzlich mit Wachs abdichten. • Die Kokosnuß so auf ein Glas legen, daß der Rum nicht auslaufen kann und 14 Tage im Kühlschrank aufbewahren. • Den Karibik-Bolo mit Strohhalmen servieren, so daß jeder einmal am Bolo nippen kann.

So wird's hübsch verpackt:
Zum Verschenken müssen die Öffnungen besonders gut abgedichtet sein. Also auf jeden Fall Alufolie und Wachs verwenden. Eingepackt wird in zartes, braunes Seidenpapier, das Sie über der Öffnung zusammendrehen. Binden Sie mit einer Schleife ein kunterbuntes, möglichst exotisches Blumensträußchen daran fest.

So macht's noch mehr Spaß:
Vielleicht wollen Sie Ihren Freunden ein Partygeschenk machen. Dann bereiten Sie vier Boli zu. Kaufen Sie vier hübsche braune Holzschalen, in denen die gefüllten Kokosnüsse Platz haben und nicht umfallen können. Sie werden in ein Holzkistchen verpackt, das Sie mit der Aufschrift »Karibik-Bolo« versehen können. Nicht vergessen: Eine Packung bunte Strohhalme in die Kiste legen. Und eine Gebrauchsanweisung. Damit die Beschenkten wissen, daß man den Bolo in der Runde kreisen läßt und jeder seinen Anteil mit dem Srohhalm entnimmt.

Zitronenlikör

Wenn ein Diskussionsabend vor der Tür steht

Zutaten:

125 g Zucker
8 Eßl. Wasser
1 1/2 ungespritzte Zitronen
1 Stückchen Zimtstange
einige Korianderkörner
1/2 l Weinbrand

Zubereitungszeit:

20 Minuten

Ruhezeit:

1 1/2 Monate

Lagerdauer:

Hält sich so lange, bis er getrunken ist

Mein Tip:

Statt Zitronen können Sie auch Orangen nehmen. Dann aber 2, weil ihr Aroma nicht so stark ist. In diesem Fall wechseln Sie den Zimt gegen ein Stück Ingwerwurzel aus.

So wird's gemacht:

Den Zucker und das Wasser in einem Topf unter ständigem Rühren aufkochen und in gut 5 Minuten zu Zuckersirup einkochen. Den Sirup abkühlen lassen. • Die Zitronen heiß abwaschen, erst in schmale Schnitze, dann in sehr feine Scheiben schneiden. • Eine große Flasche mit weitem Hals heiß aussspülen. Die Zitronenstückchen, die Zimtstange und den Koriander hineingeben. Darauf zuerst den Zuckersirup und dann den Weinbrand gießen. • Die Flasche schließen und kräftig durchschütteln. Am besten 5 Minuten lang. • Die Flasche an einen warmen Ort oder in die Sonne stellen. Da bleibt sie einen Monat, wird aber gelegentlich durchgeschüttelt. • Nach dieser Zeit den Zitronenlikör in zwei kleine saubere Flaschen seihen. Gut verschließen und weitere 14 Tage stehen lassen. Dann kann man ihn genießen.

So wird's hübsch verpackt:

Sie haben gewiß in Ihrem Vorrat ein paar besonders hübsche Flaschen. Nehmen Sie eine davon und füllen den selbstgemachten Likör hinein. Um den Flaschenhals binden Sie eine Seidenschleife und damit gleich ein Mimosensträußchen fest. Das paßt farblich so gut.

So macht's noch mehr Spaß:

Zitronenlikör in eine eckige Porzellanflasche füllen, mit dem Stöpsel gut verschließen. Zimtstangen, Korianderkörner oder auch Ingwer getrennt in kleine Stoffbeutel – die man selbst nähen kann – füllen. Mit feiner Kordel zubinden und an der Flasche befestigen. Das Rezept dazu bitte nicht vergessen.

Lebenswasser

Freund Otto braucht mal wieder einen Schnaps

Zutaten:

10 Wacholderbeeren
4 kleine Knoblauchzehen
1 getrocknete Pfefferschote (Peperoni)
1 Flasche guten Korn

Zubereitungszeit:

10 Minuten

Ruhezeit:

5 Tage

Lagerdauer:

Fast unbegrenzt. Aber Lebenswasser wird bestimmt schnell alle sein. Weil es so interessant schmeckt

Mein Tip:

Knoblauchgegner können Sie bestimmt nicht bekehren. Für die lassen Sie den Knoblauch natürlich aus dem Korn. Wacholder allein verspricht ja auch schon ein bißchen Gesundheit.

So wird's gemacht:

Die Wacholderbeeren im Mörser fein zerstoßen. • Die Knoblauchzehen schälen und mit dem Messerrücken auf einer Porzellanplatte zerdrücken. • Die Pfefferschote zerkrümeln. • Alles in eine Flasche geben, mit dem Korn auffüllen, die Flasche fest verkorken und kräftig durchschütteln. • Das Lebenswasser 5 Tage ruhen lassen, dann durch ein Tuch seihen. In eine Flasche füllen und fest verschließen.

So wird's hübsch verpackt:

Die Flasche bekommt ein Etikett mit der Aufschrift Lebenswasser. Wer gut zeichnen kann, malt vielleicht einen springlebendigen, bärtigen Opa. Als Symbol für langes Leben. Ein rustikales Schnapsgläschen an den Flaschenhals binden, und das Ganze in Geschenkpapier packen.

So macht's noch mehr Spaß:

Lebenswasser ist das richtige Geschenk für Männer. Darum sollte es auch in eine derbe Schnapsflasche gefüllt werden. Dazu vielleicht ein flaches Fläschchen (Flachmann) mit Juteüberzug zum Umfüllen und Mitnehmen. Schnapsgläser mit Henkel passen gut dazu. Das Ganze in eine hübsche Holzkiste auf Holzwolle legen. Aufschrift: Lebenswasser – in großen Buchstaben. Und die Kiste natürlich zunageln.

Krabben-Sülze

Die bekommt Peter; denn Krabben sind für ihn das Beste

Zutaten für 4 Sülzen:
8 Blatt weiße Gelatine
$^3/_8$ l Fleischbrühe aus Würfel
1 Prise Salz
1 Prise weißer Pfeffer
1 Glas herber Weißwein
1–2 Eßl. Zitronenessig
1 Prise Zucker
1 hartgekochtes Ei
200 g Nordseekrabben aus der Dose
4 kleine Gewürzgurken
1 kleine Dose Champignons
4 kleine Tomaten
einige Petersilienbüschel

Zubereitungszeit:
25 Minuten

Kühlzeit:
70 Minuten

Lagerdauer:
Im Kühlschrank 3 Tage

Mein Tip:
Zur Abwechslung mische ich manchmal 50–100 g paprikagefüllte Oliven – in Scheiben geschnitten – unters Krabbenfleisch. Dann lasse ich aber die Gewürzgurken weg.

So wird's gemacht:
Die Gelatine in kaltem Wasser einweichen. • Die Fleischbrühe aufkochen, mit dem Salz, dem Pfeffer, dem Weißwein, dem Essig und dem Zucker würzen und gut abschmekken. • Die ausgedrückte Gelatine in die Brühe rühren. • Vier Sülzförmchen (auch rechteckige oder runde Aluformen) mit kaltem Wasser ausspülen. Etwas leicht abgekühlte Sülzbrühe hineingießen, so daß ein Spiegel entsteht und zugedeckt im Kühlschrank 20 Minuten erstarren lassen. • Das Ei schälen und in Scheiben schneiden. • Die Krabben kurz kalt abbrausen und abtropfen lassen. Die Gewürzgurken mit dem Buntmesser in Scheiben schneiden. Die abgetropften Champignons halbieren. Die Tomaten waschen, abtrocknen, in schmale Schnitze schneiden und entkernen. • Die Eischeiben in die Mitte der Förmchen legen, drumherum Gurkenscheiben, halbe Champignons und einige Krabben. Die Tomatenschnitze rundherum legen, dazwischen Petersilienbüschel. • Die Förmchen mit Geleeflüssigkeit auffüllen, aber nicht zuviel, sonst schwimmen die Zutaten darin. • Wieder für 20 Minuten in den Kühlschrank stellen. • Die restlichen Zutaten in die Förmchen verteilen, mit Geleeflüssigkeit auffüllen und zum Erstarren für 30 Minuten in den Kühlschrank stellen. Bis zum Verzehr oder zum Verschenken im Kühlschrank zugedeckt aufbewahren.

So wird's hübsch verpackt:
Krabben-Sülzchen in Aluformen mit Klarsichtfolie abdekken und in Alufolie verpacken. Daran einen dicken Strauß Petersilie als Gruß aus der Küche befestigen.

So macht's noch mehr Spaß:
Sülzchen mit den Formen auf einem originellen Tablett aus Korb verschenken. Dazu folgende Gebrauchsanweisung legen: Vor dem Essen Formen kurz in heißes Wasser tauchen, Sülzrand mit einem spitzen Messer lösen. Sülzchen stürzen.

Pikantes Sülzkotelett

Für alle, die gern Deftiges essen

In der Holzdose: Goudaschleifen (S. 46) und Käseplätzchen (S. 48)
In den Gläsern:
Buttermischungen (S. 63)
Eingelegter Käse (S. 61)

Zutaten:
2 Schweinekoteletts
1 Möhre
1 Stück Petersilienwurzel
1 Stück Lauch (Porree)
1 Prise Salz
1 Zwiebel
$^1/_2$ Lorbeerblatt
3 Pfefferkörner
6 Blatt weiße Gelatine
1 Eiweiß
Schale von 1 Ei
1 Schuß Essig

Zum Garnieren:
1 kleine Essiggurke
1 hartgekochtes Ei
einige Champignons aus der Dose

Zubereitungszeit:
1 Stunde und 20 Minuten

Kühlzeit:
2 Stunden

Lagerdauer:
Gekühlt 3 Tage

Mein Tip:
Für Leute mit empfindlichem Magen nehme ich lieber Kalbskoteletts. Die sind bekömmlicher.

So wird's gemacht:
Gut $^1/_2$ l Wasser in einem Topf aufkochen und die Koteletts hineinlegen. • Die Möhre, die Petersilienwurzel und den Lauch putzen und waschen. Die Möhre ganz lassen. Das übrige Suppengemüse zerkleinern. Alles zum Fleisch geben und salzen. • Die Zwiebel schälen, mit dem Lorbeerblatt und den Pfefferkörnern in den Topf legen und alles zugedeckt 40 Minuten kochen lassen. • Das Fleisch in der Brühe abkühlen lassen. • Die Fleischbrühe durchsieben und in einem Topf auf $^3/_8$ l einkochen lassen. • Die Gelatine in kaltem Wasser einweichen. • Das Eiweiß und die zerkleinerte Eischale zur Brühe geben und aufkochen. Das Eiweiß gerinnt und kann abgeschöpft werden. • Die Brühe nochmal durch ein Tuch seihen, aufkochen und die ausgedrückte Gelatine unter Rühren darin auflösen. • Das Aspik mit Essig und Salz abschmecken und vom Herd nehmen. • Die Knochen aus dem Fleisch lösen. • Zwei Sülzkotelettformen mit kaltem Wasser ausspülen, 4 mm hoch mit Brühe füllen und 10 Minuten im Kühlschrank festwerden lassen. • Die gekochte Möhre und die Gurke mit dem Buntmesser in Scheiben schneiden. Das geschälte Ei und die Champignons in glatte Scheiben schneiden. Diese Garnierzutaten hübsch auf dem Aspikspiegel anrichten und darauf je 1 Kotelett legen (eventuell noch in Form schneiden). • Die restliche Brühe über die Koteletts verteilen und 2 Stunden im Kühlschrank erstarren lassen. • Zum Stürzen das Aspik leicht mit einem Messer an den Rändern lösen.

So wird's hübsch verpackt:
Die Sülzkoteletts auf ein Porzellan-Frühstücksbrett stürzen. Locker in Alufolie packen.

So macht's noch mehr Spaß:
Die Koteletts in ein gußeisernes Pfännchen stürzen. Einen dicken Strauß Petersilie dazulegen. Erst in Klarsichtfolie, dann in Geschenkpapier packen.

◁ v.o.n.u. Schinken in Aspik (diese Seite)
Kalbsleberpastete (S. 41)
Griebenschmalz (S. 62).
Wichtig: Originelle Töpfe als Verpackung!

Schinken in Aspik

Damit können Sie Onkel Franz eine Freude machen
Bild gegenüberliegende Seite

Zutaten:
8 Blatt weiße Gelatine
$^3/_8$ l Fleischbrühe aus Würfel
$^1/_8$ l Weißwein
1 Schuß Weinessig
1 Prise Salz
1 Prise schwarzer Pfeffer
200 g gekochter Schinken am Stück
je $^1/_2$ Bund Dill, Schnittlauch und Petersilie
1 Büschel Kresse

Zubereitungszeit:
30 Minuten

Kühlzeit:
1 Stunde

Lagerdauer:
Gekühlt 2 Tage

Mein Tip:
Keine Sorge, wenn das Aspik ein bißchen fest geworden ist. Erwärmen Sie es vorsichtig im Wasserbad. Dann können Sie es wieder weiterverarbeiten.

So wird's gemacht:
Die Gelatine in kaltem Wasser einweichen. • Die Fleischbrühe in einem Topf aufkochen. Die ausgedrückte Gelatine hineinrühren, den Wein dazugeben und mit Essig, Salz und Pfeffer kräftig abschmecken. • Eine kleine Puddingform oder zwei glatte kleine Schüsseln mit kaltem Wasser ausspülen. Die Aspikflüssigkeit etwa $^1/_2$ cm hoch hineingießen und im Kühlschrank 5 Minuten anziehen lassen. Dann die Seitenwände der Formen mit Aspik überziehen und auch 5 Minuten anziehen lassen. In dieser Zeit immer wieder drehen, damit die ganze Form eine Aspikschicht bekommt. • Den Schinken gleichmäßig würfeln. • Die gewaschenen Kräuter fein hacken, mit dem Schinken und einem Teil des Aspiks mischen. Alles in die vorbereiteten Gefäße füllen. Das restliche Gelee darübergießen und im Kühlschrank 1 Stunde festwerden lassen. • Zum Stürzen die Schüssel ganz kurz in heißes Wasser tauchen, dann löst sich das Aspik besser.

So wird's hübsch verpackt:
In eine ausreichend große Aluform gestürzt, mit Petersilie und Radieschen umlegt und locker in Alufolie gewickelt.

So macht's noch mehr Spaß:
Eine längliche schmale oder eine runde Aufschnittplatte kaufen. Schinken in Aspik darauf stürzen. Mit einem Kranz von Petersilie umlegen und locker in Alufolie packen. Obendrum eine grüne Schleife binden und gleichzeitig damit einen dicken Petersilienstrauß befestigen.

Aal in Aspik

Für eine Einladung zur Bottle-Party

Zutaten:

500 g küchenfertiger Aal
Saft von 1 Zitrone
1 Möhre
$^1/_4$ l Wasser
2 Eßl. Estragonessig
$^1/_2$ Lorbeerblatt
3 Pfefferkörner
3 Wacholderbeeren
1 Prise getrockneter Salbei
1 Prise Salz
3 Eßl. trockener Vermouth
4 Blatt weiße Gelatine
1 hartgekochtes Ei
1 Tomate
1 Gewürzgurke
1 Sträußchen Dill

Zubereitungszeit:

50 Minuten

Kühlzeit:

Etwa 1 Stunde

Lagerdauer:

3 Tage im Kühlschrank

Mein Tip:

Wenn ich mit Aal in Aspik einer Familie eine Freude machen will, bereite ich ihn in der Ringform zu. Für eine Person verwende ich Sülzförmchen oder kleine Aluformen.

So wird's gemacht:

Den Aal unter kaltem Wasser abspülen, abtropfen lassen und mit dem Zitronensaft beträufeln. (nicht abziehen). • Die Möhre putzen, waschen und mit dem Buntmesser in Scheiben schneiden. • Das Wasser mit dem Essig, dem Lorbeerblatt, den Pfefferkörnern, den Wacholderbeeren und dem zerriebenen Salbei aufkochen, salzen und den Vermouth zugießen. • Den Aal in gleichmäßige Stücke schneiden, mit den Möhrenscheiben ins Wasser geben und 25 Minuten darin ziehen lassen. • Den Aal und die Möhrenscheiben herausnehmen und auskühlen lassen. • Die Gelatine in kaltem Wasser einweichen. • Die Aalbrühe durchsieben, erhitzen und die ausgedrückte Gelatine darin auflösen. • Das Ei schälen und in Scheiben schneiden. • Die Tomate waschen, abtrocknen, in Schnitze schneiden und entkernen. • Die Gewürzgurke mit dem Buntmesser in Scheiben schneiden. • In eine Ringform oder vier Sülzförmchen einen Aspikspiegel gießen. Abwechselnd Eischeiben, Tomatenschnitze und Dillspitzen an den Rand legen. Über die Eischeiben Möhrenscheiben, über die Tomaten Gurkenscheiben legen, und alles im Kühlschrank 20 Minuten zugedeckt erstarren lassen. • Die Aalstücke und die übrigen Zutaten in die Form füllen, den Aspik-Sud darüber verteilen, zugedeckt in den Kühlschrank stellen und 40 Minuten festwerden lassen.

So wird's hübsch verpackt:

Aal in Aspik am besten in der Form verschenken. Mit einem Dillsträußchen garnieren, mit Klarsichtfolie abdecken. In Alufolie einpacken.

So macht's noch mehr Spaß:

Die Form in heißes Wasser tauchen, das Aspik am Rand lösen und auf einen rustikalen Keramikteller stürzen. Mit Dill garnieren, mit Klarsichtfolie abdecken und in Alufolie einpacken.

Kalbsleberpastete

Wenn der Nachbar sein neues Auto feiert
Bild Seite 38

Zutaten:
75 g Weißbrot
$^{1}/_{4}$ l Milch
150 g Kalbsleber
75 g mageres Kalbfleisch
75 g fetter Speck am Stück
1 kleine Zwiebel
$^{1}/_{2}$ Bund Petersilie
1 Glas Weinbrand (2 cl)
1 Prise Salz
1 Prise weißer Pfeffer
1 Prise getrockneter Majoran
1 Ei
75 g Speck in sehr dünnen Scheiben

Zubereitungszeit:
1 Stunde und 15 Minuten

Lagerdauer:
Gut gekühlt 3 – 5 Tage

So wird's gemacht:
Das Weißbrot in der Milch einweichen. • Die Leber von Hautresten und Röhren befreien. Die Leber, das Kalbfleisch und den Speck grobwürfeln. • Die Zwiebel schälen, würfeln und mit dem ausgedrückten Brot und den anderen vorbereiteten Zutaten zweimal durch den Fleischwolf (feine Scheibe) drehen. In eine Schüssel füllen. • Den Backofen vorheizen. Elektroherd auf 200°, Gasherd auf Stufe 3. • Die Petersilie waschen und hacken, mit dem Weinbrand, dem Salz, dem Pfeffer, dem zerriebenen Majoran und dem Ei in die Schüssel geben und alles zu einem Pastetenteig mischen. • Zwei kleine Aluformen mit den Speckscheiben auslegen (einige zurücklassen). Den Pastetenteig einfüllen, glattstreichen und mit dem restlichen in Streifen geschnittenen Speck belegen. • Die Formen im flachen Wasserbad in den Backofen auf die mittlere Leiste stellen und 30–35 Minuten backen. • Die Formen aus dem Backofen nehmen. Die Pasteten in den Formen kaltwerden lassen.

So wird's hübsch verpackt:
Geben Sie auf die Pastete in der Aluform einen Tuff Kresse und packen Sie sie zuerst in Alufolie, dann in Geschenkpapier. Eine hübsche Schleife macht Ihr Eßgeschenk liebenswürdiger.

So macht's noch mehr Spaß:
Machen Sie einen kleinen flachen Korb zurecht. In die Mitte kommt die Leberpastete in der Form, garniert mit Wacholderbeeren, überzogen mit Klarsichtfolie. Um die Pastete ein paar Tomaten oder Radieschen legen und ein Päckchen besonders gutes Vollkornbrot. Damit haben Sie ein komplettes Abendessen geliefert. Eine kleine Flasche Korn zusätzlich kann nicht schaden.

Mein Tip:
Anstelle von Majoran nehme ich manchmal Nelkenpfeffer, Muskatnuß, Basilikum oder Thymian. Zuweilen auch eine Mischung aus all diesen Gewürzen.

Hasenpastete

Fürs Schüsseltreiben nach der Jagd

Zutaten:
125 g Geflügelleber
250 g Hasenkeule ohne Knochen
100 g fetter Speck
1 Zwiebel
15 g Mehl
8 Eßl. Sahne
1 Ei
Salz
schwarzer Pfeffer
1 Prise Nelkenpulver
50 g Pfifferlinge aus der Dose

Zubereitungszeit:
Etwa 1 Stunde und 20 Minuten

Lagerdauer:
Gekühlt 3 – 5 Tage

Mein Tip:
1 – 2 Eßlöffel Wacholderschnaps macht die Pastete würziger und ein klein bißchen beschwipst.

So wird's gemacht:
Die Geflügelleber, das Hasenfleisch, den Speck und die geschälte Zwiebel kleinschneiden und zweimal durch den Fleischwolf (feine Scheibe) drehen. • Den Backofen vorheizen: Elektroherd auf 175°, Gasherd auf Stufe 2. • Das Mehl, die Sahne und das Ei miteinander verquirlen, ins Fleisch rühren und mit Salz, Pfeffer und dem Nelkenpulver kräfig würzen. • Die Pfifferlinge halbieren, vierteln und ebenfalls unter die Farce mischen. • Eine Pasteten- oder Kastenform einfetten und den Fleischteig einfüllen. Einen Deckel oder Alufolie darauflegen. Im Wasserbad in den Backofen auf die mittlere Leiste stellen und 40 Minuten garen. • Danach im offenen Gefäß weitere 20 Minuten backen, damit die Pastete bräunt.

So wird's hübsch verpackt:
Die in der Kastenform gebackene Pastete auf ein dickes Holzbrett stürzen. Tomatenscheiben und Petersilie abwechselnd als Streifen auf die Oberfläche legen. In Alufolie verpackt verschenken.

So macht's noch mehr Spaß:
Kaufen Sie eine hübsche Pastetenform, auf deren Deckel ein Häschen sitzt. Darin backen Sie die Pastete. Garnieren Sie die Pastete mit ein paar Pfifferlingen aus der Dose und mit etwas Petersilie, legen den Deckel drauf und verpacken das Ganze in hübsches Papier. Wenn Sie noch mehr tun wollen, schenken Sie eine Flasche Cumberlandsauce dazu, denn sie paßt ganz vorzüglich zu kaltem Wild. Das Rezept für die Cumberlandsauce finden Sie auf Seite 64.

Gänseleber-Terrine

Wenn Feinschmecker eingeladen haben

Zutaten:
300 g tiefgekühlte oder frische Gänseleber
1 Trüffel aus der Dose

Zum Marinieren:
1 Glas Cognac (2 cl)
1 Glas Madeira (2 cl)
1 Messerspitze Pastetengewürz
Salz
weißer Pfeffer
1 Teel. getrockneter Thymian
1 Stück Lorbeerblatt

Zusätzlich:
250 g Schweinefilet
1 Zwiebel
1 Ei
2 Eßl. Semmelbrösel
1 Eßl. gehackte Petersilie
Salz und Pfeffer
75 g fetter Speck in Scheiben
1 Thymianzweig

Zubereitungszeit:
1 Stunde und 40 Minuten

Marinierzeit:
12 Stunden

Lagerdauer:
Im Kühlschrank 1 Woche

So wird's gemacht:
Die tiefgekühlte Gänseleber auftauen lassen. Frische Leber putzen und in eine Schüssel legen. • Die Trüffel in sehr dünne Scheiben schneiden und auf der Leber verteilen. • Für die Marinade den Cognac, den Madeira und die Gewürze mischen. Auf die Leber gießen und zugedeckt 12 Stunden ruhen lassen. • Die Trüffel in Streifen schneiden, und die abgetropfte Leber damit spicken. • Das Schweinefilet grobwürfeln. Die Zwiebel schälen und vierteln. Die Fleischwürfel und die Zwiebelstücke zweimal durch den Fleischwolf (feine Scheibe) drehen. In eine Schüssel geben, die Marinade (Lorbeerblatt beiseite legen), das Ei, die Semmelbrösel und die gehackte Petersilie zum Teig mischen und mit Salz und Pfeffer abschmecken. • Den Backofen vorheizen: Elektroherd auf 200°, Gasherd auf Stufe 3. • Eine Pastetenform mit etwas Speck auslegen. Die Hälfte des Pastetenteiges einfüllen und glattstreichen. In die Mitte die gespickte Leber legen. Den restlichen Teig einfüllen und glattstreichen. Mit den übrigen Speckscheiben belegen und mit dem Lorbeerblatt und dem Thymianzweig garnieren. • Die geschlossene Form im Wasserbad in den Backofen (untere Leiste) stellen und 80 Minuten garen. • Die Terrine aus dem Backofen nehmen und kaltwerden lassen.

So wird's hübsch verpackt:
Vielleicht möchten Sie nicht die ganze Pastete verschenken. Dann bereiten Sie kleine Portionen zu. In feuerfesten Pasteten-Terrinchen mit Deckel. (Bitte die Hälfte der Garzeit rechnen.) Eingepackt wird in Alufolie, zugebunden mit Silberband.

So macht's noch mehr Spaß:
Die Pastete in der Form verschenken. Feiner Begleiter ist eine erlesene Flasche Rotwein aus Frankreich. Eingepackt wird in Geschenkpapier.

Salzmandeln

Ein beliebtes Mitbringsel zu jeder Fête
Bild 3. Umschlagseite

Zutaten:
250 g ausgesucht schöne Mandeln
1 Eiweiß
feines Salz

Zubereitungszeit:
40 Minuten

Lagerdauer:
14 Tage in gut verschlossener Dose

So wird's gemacht:
Die Mandeln mit kochendem Wasser übergießen und 5 Minuten ziehen lassen. Das Wasser abgießen, und die Mandeln abziehen. • Das Eiweiß leicht schlagen, mit den Mandeln mischen und diese wieder abtropfen lassen. • Den Backofen vorheizen: Elektroherd auf 175°, Gasherd auf Stufe 2. • Die Mandeln in dem Salz wälzen. • Ein ausreichend großes Stück Pergamentpapier mit Wasser anfeuchten, aufs Backblech legen und darauf die Mandeln verteilen. Das Backblech mit den Mandeln auf die mittlere Leiste schieben. Die Mandeln 10–20 Minuten bräunen lassen.

So wird's hübsch verpackt:
Die Salzmandeln sehen sehr appetitlich in einer durchsichtigen Tüte aus, die mit einem Band zusammengebunden wird. Nett auch in einem einfachen Deckelglas, das man in Geschenkpapier packt.

So macht's noch mehr Spaß:
Ein besonders hübsches Betthupferlglas mit großer Öffnung und breitem Korken kaufen und die Mandeln hineinfüllen. Auf den Korken heften Sie vielleicht eine Botschaft für den Beschenkten. Einen winzigen Brief mit ein paar freundlichen Worten. Eingepackt wird das Glas in braunem Seidenpapier mit gelber Schleife.

Mein Tip:
Wenn's schneller gehen soll, kaufen Sie abgezogene Mandeln, mischen sie mit etwas Pflanzenöl, packen sie auf ein Backblech und bräunen sie 10 Minuten bei 175° (Gas: Stufe 2) im Backofen. Anschließend mit feinem Salz bestreuen.

Salzstangen

Die bekommt Bruder Gustav zum Geburtstag mit Bier

Zutaten für etwa 60 Stück:
250 g Mehl
1 kräftige Prise Salz
5 Eßl. Milch
125 g Butter

Zum Garnieren:
1 Eigelb
2 Eßl. Milch
etwa 1 Eßl. grobes Salz

Zubereitungszeit:
40 Minuten

Kühlzeit:
30 Minuten

Lagerdauer:
In geschlossener Blechdose gut 8 Tage

Mein Tip:
Bestreichen Sie die Salzstangen, bevor sie auf's Backblech gelegt werden. Denn das Eigelb läuft leicht runter und wird beim Backen schwarz. Das macht die Salzstangen bitter.

So wird's gemacht:
Das Mehl in eine Backschüssel schütten. Das Salz, die Milch und die Butter in Flöckchen dazugeben. • Aus allem einen glatten Teig kneten. Möglichst mit unter Wasser gekühlten Händen, damit die Butter nicht zu weich wird. • Den Teig 30 Minuten zugedeckt in den Kühlschrank stellen. • Den Backofen vorheizen: Elektroherd auf 200°, Gasherd auf Stufe 4. • Das Eigelb mit der Milch verquirlen. • Den Teig stückweise aus dem Kühlschrank nehmen, auf bemehlter Arbeitsfläche schnell zu 10 cm langen bleistiftdünnen Rollen formen und diese zu Spiralen drehen. • Die Teigspiralen mit dem verquirlten Eigelb bestreichen, mit grobem Salz bestreuen und auf ein leicht gefettetes Backblech legen. Das Blech in den Backofen auf die mittlere Leiste schieben und die Spiralen 15 Minuten backen. • Das Gebäck aus dem Backofen nehmen und auf einem Kuchengitter abkühlen lassen.

So wird's hübsch verpackt:
Rollen Sie die Salzstangen einzeln in Cellophan, das an beiden Enden zusammengedreht und mit hübschen seidenen Schleifen zusammengebunden wird. Als Farbe schlage ich Ihnen Moosgrün, Braun oder Lila vor.

So macht's noch mehr Spaß:
Kaufen Sie einen hübschen Bierkrug, weil Salzstangen und Bier so prima zusammenpassen. In den Krug packen Sie die Salzstangen, drumherum Cellophan, das oben mit einer Schleife zusammengebunden wird. Noch eine Idee? Zwei Flaschen Bier dazu schenken. Die bevorzugte Marke des Beschenkten.

Goudaschleifen

Für die fröhliche Weinprobe
Bild Seite 37

Zutaten für etwa 30 Stück:
1 Paket tiefgekühlter Blätterteig
100 g geriebener mittelalter Gouda
1 Eigelb

Auftauzeit:
Etwa 20 Minuten

Zubereitungszeit:
40 Minuten

Lagerdauer:
3 Tage in fest verschlossener Dose

Mein Tip:
Manchmal mische ich in den geriebene Käse etwa 1 Eßlöffel edelsüßes Paprikapulver. Das gibt eine unvergleichliche ungarische Würze, ohne Schärfe ins Gebäck zu bringen.

So wird's gemacht:
Den Blätterteig nach Vorschrift auftauen lassen. • 20 g Käse auf die Arbeitsfläche streuen, darauf die Blätterteigscheiben legen, dazwischen 40 g Käse streuen und obendrauf den übrigen Käse. • Den Backofen vorheizen: Elektroherd auf 225°, Gasherd auf Stufe 4. • Den Teig etwa 3 mm dick ausrollen und in 8 cm breite Streifen ausrädeln. • Das Eigelb mit wenig Wasser verquirlen. Die Streifen damit bestreichen und gegeneinander drehen, so daß eine Schleife entsteht. • Das Backblech mit kaltem Wasser abspülen, die Schleifen darauflegen, in den Backofen auf die mittlere Leiste schieben und 10 Minuten goldbraun backen. • Die Schleifen aus dem Ofen nehmen und auf einem Kuchengitter auskühlen lassen.

So wird's hübsch verpackt:
In manchem Haushalt fehlt eine kleine Rührschüssel. Eine aus Kunststoff, die sehr vielseitig ist. Kaufen Sie sie für eine gute Freundin. Die Schüssel wird mit den Goudaschleifen gefüllt, mit Klarsichtfolie abgedichtet und in Geschenkpapier überreicht.

So macht's noch mehr Spaß:
Ein Glas für Berliner Weiße ist sehr geräumig und beinahe dazu erfunden, hübsche Eßgeschenke hineinzupacken. Die Goudaschleifen sind genau richtig dafür. Einfüllen, und das Glas rundherum mit Klarsichtfolie überziehen. In Seidenpapier – rotes kann hübsch aussehen – einwickeln und oben so zusammenbinden, daß ein Tuff entsteht. Wer außerdem noch etwas tun will, schenkt die Zutaten zu Berliner Weiße mit Schuß: 1 Flasche Weißbier und 1 kleine Flasche Himbeersirup. Das Rezept dazu: 2 Schnapsgläschen Sirup in 1 Glas Weißbier gießen.

Käsespiralen

Darüber freuen sich alle bei einer Familienfeier
Bild Titelseite

Zutaten für etwa 40 Stück:

50 g Mehl
30 g Parmesankäse, gerieben
30 g Emmentaler Käse, gerieben
1 Prise Salz
1 Messerspitze edelsüßes Paprikapulver
3 Eßl. saure Sahne
30 g Butter
1 Eigelb

Zubereitungszeit:

40 Minuten

Kühlzeit:

30 Minuten

Lagerdauer:

4 Wochen in einer fest verschlossenen Dose

Mein Tip:

Käsestangen sind nicht nur eine feine Knabberei, sie eignen sich auch hervorragend als Beigabe zu klaren Fleischbrühen und anderen klaren Suppen. Vielleicht empfehlen Sie das Ihren Freunden, wenn Sie das Gebäck verschenken.

So wird's gemacht:

Das Mehl, den geriebenen Käse, das Salz und das Paprikapulver in einer Schüssel mischen. • In die Mitte eine Mulde drücken, die Sahne hineingeben und mit einem Löffel etwas verrühren. • Die Butter in Flöckchen auf dem Mehlrand verteilen. • Von außen nach innen schnell einen Teig kneten und diesen zugedeckt für 30 Minuten in den Kühlschrank stellen. • Den Backofen vorheizen: Elektroherd auf 225°, Gasherd auf Stufe 4. • Den Teig auf der bemehlten Arbeitsfläche etwa $^1/_2$ cm dick ausrollen. Streifen von 1 cm Breite und 12 cm Länge mit dem Rädchen ausschneiden und zu Spiralen drehen. • Die Sprialen mit verquirltem Eigelb bestreichen, aufs ungefettete Backblech legen, das Blech in den Backofen auf die untere Leiste schieben und 10 Minuten backen. • Die Käsespiralen auf dem Kuchengitter auskühlen lassen.

So wird's hübsch verpackt:

Kaufen Sie einen Köcher für Schreibstifte – möglichst mit Kalender darauf. Es gibt sie in Bürobedarfsgeschäften. Eigentlich kann das jeder gebrauchen, der einen Schreibtisch hat. Legen Sie den Behälter mit Alufolie aus und füllen ihn mit Käsespiralen. Verpackt wird zuerst in Alufolie, dann in Geschenkpapier.

So macht's noch mehr Spaß:

Ein Rotweinglas mit Käsespiralen füllen, mit Cellophan einwickeln, eine Schleife drumbinden. Und dazu eine Dose Schildkrötensuppe oder klare Ochsenschwanzsuppe schenken. Bitte in Geschenkpapier verpacken.

Käseplätzchen

Wenn Freunde das Ende ihres Urlaubs feiern
Bild Seite 37

Zutaten für etwa 60 Stück:
125 g Mehl
1 Ei
100 g Butter
1 Prise Salz
100 g Schweizer Emmentaler, gerieben
1 Eigelb
1 Teel. Mohn
1 Teel. Kümmel
1 Teel. grobes Salz

Zubereitungszeit:
40 Minuten

Kühlzeit:
30 Minuten

Lagerdauer:
4 Wochen in einer fest verschlossenen Dose

Mein Tip:
Dies ist ein fettreicher Mürbteig. Er braucht unbedingt seine Kühlzeit. Lassen Sie ihn deshalb ausreichend kalt werden, sonst können Sie ihn kaum ausrollen. Und rollen Sie ihn portionsweise aus. Also immer nur ein Stück aus der Kälte nehmen, den Rest darin lassen. Damit der Teig nicht weich wird.

So wird's gemacht:
Das Mehl in eine Schüssel geben. In die Mitte eine Mulde drücken, und das Ei darin verrühren. • Die kalte Butter in Flöckchen auf dem Mehlrand verteilen. Das Salz und den Käse darüberstreuen. • Mit nassen Händen schnell von außen nach innen einen Teig kneten, zum Laib formen und zugedeckt für 30 Minuten in den Kühlschrank stellen. • Den Backofen vorheizen: Elektroherd auf 200°, Gasherd auf Stufe 3. • Den Teig auf der bemehlten Arbeitsfläche portionsweise 3 mm dick ausrollen und mit dem Messer in Rhomben und Streifen schneiden. Oder den Teig mit beliebigen Förmchen ausstechen. • Das Eigelb verquirlen, den Teig damit bestreichen und wahlweise mit Mohn, Kümmel oder Salz bestreuen. • Die Plätzchen auf zwei ungefettete Backbleche legen, in den Backofen auf die mittlere Leiste schieben und pro Blech 10 Minuten backen. • Aus dem Backofen nehmen und auf einem Kuchengitter abkühlen lassen.

So wird's hübsch verpackt:
Es gibt kleine ovale, geflochtene Körbchen für wenig Geld. Packen Sie die Plätzchen in eine Cellophantüte und legen diese ins Körbchen. Mit einem braunen oder grünen Band zubinden und eine Schleife obendrauf anbringen.

So macht's noch mehr Spaß:
Vielleicht können Sie irgendwo eine alte Plätzchenschüssel erstehen. Oder Sie kaufen einen besonders schönen Brotkorb. Jeweils mit Cellophan auslegen, Plätzchen einfüllen und das Papier mit Tesafilm zukleben. Dabei eine gelbe Blume befestigen. Drei Flaschen excellentes Bier dazu schenken. Eingepackt in ein Säckchen, das Sie aus einem hübschen, karierten Küchentuch genäht haben.

Chesterkekse

Wenn Sie zu einem Glas Wein nach dem
Abendessen eingeladen sind
Bild Titelseite

Zutaten für etwa 30 Stück:

125 g Mehl
1 Prise Salz
1 Prise rosenscharfes Paprikapulver
1 Prise gemahlener Kümmel
1 Prise Muskat und weißer Pfeffer
150 g Chesterkäse, gerieben
1 Ei
100 g Butter
1 Eigelb
$^1/_2$ Teel. edelsüßes Paprikapulver
1 Teel. Kümmel

Zubereitungszeit:
50 Minuten

Kühlzeit:
30 Minuten

Lagerdauer:
2 Wochen in einer fest verschlossenen Dose

Mein Tip:
Sie können selbstverständlich jedes Gebäck statt mit Butter auch mit Margarine zubereiten.

So wird's gemacht:
Das Mehl mit dem Salz, dem Paprikapulver, dem Kümmel, dem Muskat, dem Pfeffer und dem geriebenen Käse in einer Schüssel mischen. • In die Mitte eine Mulde drücken und darin das Ei verrühren. • Die Butter in Flöckchen auf dem Mehlrand verteilen. Alle Zutaten zu einem Teig verkneten und ihn 30 Minuten zugedeckt im Kühlschrank ruhen lassen. • Den Backofen vorheizen: Elektroherd auf 225°, Gasherd auf Stufe 4. • Den Teig portionsweise etwa $^1/_2$ cm dick auf der bemehlten Arbeitsfläche ausrollen und in 3 cm große Quadrate schneiden. • Das Eigelb verquirlen und die Teigstücke damit bestreichen. • Die Kekse wahlweise mit dem edelsüßen Paprikapulver oder dem Kümmel (man kann ihn auch mahlen) bestreuen, auf ein Backblech legen, in den Backofen auf die mittlere Leiste schieben und 10–12 Minuten backen. • Die Kekse auf dem Kuchengitter abkühlen lassen.

So wird's hübsch verpackt:
Keramikpfännchen kosten nicht viel und sind vielseitig zu verwenden. Zum Beispiel als Gebäckschale oder als Gefäß für zerlassene Butter; auch für Sauergemüse. Füllen Sie eins mit den Chesterkeksen. Mit Klarsichtfolie abdecken und in passendes Papier wickeln.

So macht's noch mehr Spaß:
Es könnte ja sein, daß Ihre Freunde eine Käseglocke haben möchten. Füllen Sie eine der stilvollen Sorte mit Chesterkeksen. Am besten fixieren Sie die Glocke mit Tesafilm. Eine dicke Seidenschleife gibt den letzten Pfiff. Bitte in Geschenkpapier einwickeln.

Pikante Happen

Willkommenes Mitbringsel zum Faschingstreiben

Zutaten für etwa 40 Stück:

1 Paket tiefgekühlter Blätterteig
1 Eigelb
1 Teel. Milch
1 Prise Salz
1 Eßl. Kümmel
1 Eßl. Mohn
1 Tütchen Mandelhälften

Auftauzeit:

Etwa 20 Minuten

Zubereitungszeit:

35 Minuten

Lagerdauer:

In verschlossenem Behälter 2 Tage

Mein Tip:

Das Eigelb bitte sparsam auf die Teigstücke streichen, sonst läuft es an den Seiten runter und verklebt den Teig. Folge: Er geht nicht blättrig auf.

So wird's gemacht:

Den Blätterteig nach Vorschrift auf der Packung auftauen lassen. • Den Backofen vorheizen: Elektroherd auf 225°, Gasherd auf Stufe 4. • Den Teig auf der bemehlten Arbeitsfläche mit nur leichtem Druck etwa $^1/_2$ cm dick ausrollen und in Quadrate von 3 × 3 cm schneiden. • Das Eigelb mit der Milch und dem Salz verquirlen und die Teigstücke damit sparsam bestreichen. Die Häppchen abwechselnd mit dem Kümmel und dem Mohn oder je vier Mandelhälften belegen. • Ein Backblech mit kaltem Wasser abspülen, die Teigstücke darauflegen und im Backofen auf der mittleren Leiste 15 Minuten backen. • Die fertigen Happen auf einem Kuchengitter auskühlen lassen.

So wird's hübsch verpackt:

Es gibt einfache, hübsche Brotkörbchen. Nicht teuer. Kaufen Sie eins und arrangieren Sie darin die Häppchen. Das Ganze packen Sie in Klarsichtfolie. Fertig ist Ihr Geschenk, das am besten am Backtag überreicht wird; denn Blätterteiggebäck schmeckt nur ganz frisch.

So macht's noch mehr Spaß:

Holzschalen sind sehr beliebt. Rund oder oval, das ist gleich. Sie müssen nur gut geformt sein. Knuspriges Blätterteiggebäck sieht darin besonders hübsch aus. Schale füllen. Erst mit Klarsichtfolie, dann mit hübschem Geschenkpapier umwickeln. Dazu eine gute Flasche Wein schenken. Bierfans bekommen natürlich ihre Hausmarke.

Obst-Chutney

Für eine Einladung bei einer experimentierfreudigen Gastgeberin

Zutaten:
2 Äpfel
4 Orangen
2 Eßl. Orangenmarmelade
1 Glas Preiselbeerkonfitüre
$^1/_4$ l Weinessig
400 g Zucker
75 g Sultaninen
2 Teel. Curry
je $^1/_2$ Teel. gemahlener Ingwer und Nelkenpfeffer
1 Teel. Zimt
1 Prise Salz

Zubereitungszeit:
1 Stunde und 20 Minuten

Lagerdauer:
Gut verschlossen einige Monate im Kühlschrank

Mein Tip:
Chutneys kann man praktisch mit jeder Obstsorte zubereiten. Auch eine gute Mischung: Birnen und Mandarinen mit Orangenmarmelade. Hierzu mehr Ingwer als Curry verwenden.

So wird's gemacht:
Die Äpfel schälen, vierteln und entkernen. • Die Orangen schälen, in Schnitze teilen und ebenfalls entkernen. Das Fruchtfleisch in kleine Stücke schneiden. • Die Apfel- und Orangenstückchen in einen Topf geben, dazu die Orangenmarmelade, die Preiselbeerkonfitüre, den Essig, den Zukker, die Sultaninen und die Gewürze. Alles gut mischen. • Bei sehr milder Hitze unter Rühren (weil die Mischung so leicht ansetzt) 1 Stunde kochen. • Genügend Gläser heiß ausspülen, das Chutney einfüllen und sofort mit Cellophan verschließen.

So wird's hübsch verpackt:
Sie finden bestimmt in Ihrem Gläservorrat für die Einmachzeit ein formschönes Glas. Füllen Sie das Chutney ein, verschließen es mit Klarsichtfolie und zusätzlich mit einem Stück blau-weiß oder rot-weiß kariertem Stoff. Oder auch mit einem kleingeblümten Stoffrest. Befestigt wird er mit einer weißen Kordel. Und auf das Glas kommt ein Schildchen mit der Aufschrift: Obst-Chutney als Beilage für Braten und Steaks, indische und indonesische Gerichte. Aber hübsch ordentlich schreiben.

So macht's noch mehr Spaß:
Es gibt so reizende Konfitürendosen mit Deckel und Löffelchen. Sie sind nicht immer ganz billig, aber eben schön. Zu einem besonderen Anlaß sollten Sie es mit Chutney gefüllt verschenken. In Geschenkpapier wickeln und ein Bändchen drumbinden. Gleichzeitig ein Schildchen mit der Aufschrift: Obst-Chutney daran befestigen.

Rollmöpse

Schwiegervater zum Geburtstag, weil er partout nichts Süßes mag

Zutaten:
6 Salzheringsfilets
2 Teel. Kapern
2 Zwiebeln
2 kleine Gewürzgurken
1 Eßl. Senf

Für die Marinade:
gut $^1/_8$ l Weinessig
$^1/_8$ l Wasser
1 gehäufter Teel. Zucker
1 Lorbeerblatt
1 Teel. Pfefferkörner
1 Teel. Wacholderbeeren
1 Teel. Senfkörner

Zubereitungszeit:
40 Minuten – und 12 Stunden zum Wässern

Marinierzeit:
3 Tage

Lagerdauer:
14 Tage

Mein Tip:
Bevor ich die Rollmöpse verschenke, mische ich oft noch saure Sahne in die Marinade. Auf die ganze Menge 1 Becher. Das macht den Fisch mild-würzig.

So wird's gemacht:
Die Heringsfilets 12 Stunden wässern, abtropfen lassen, jedes Filet halbieren und dann der Länge nach teilen, damit Sie wirklich kleine Rollmöpse bekommen. • Die Kapern hacken. Die Zwiebeln schälen, in Scheiben schneiden und in Ringe teilen. • Die Gurken erst in Stifte, dann auf Filetbreite schneiden. • Die Heringsfilets mit Senf bestreichen, jeweils mit Kapern bestreuen, mit Gurkenstückchen und halben Zwiebelringen belegen. Die Filets aufrollen und mit Holzspießchen feststecken. • Die Rollmöpse abwechselnd mit den restlichen Zwiebelringen in einen Steinguttopf oder in ein großes Einmachglas schichten. • Für die Marinade den Essig und das Wasser mit den Gewürzen in einem Topf aufkochen, 5 Minuten ziehen und dann abkühlen lassen. • Den Sud über die Rollmöpschen gießen, diese mit einem Teller beschweren und 3 Tage marinieren.

So wird's hübsch verpackt:
Rollmöpschen im Steinguttopf verschenken, der mit Alufolie abgedichtet wird. Mit blauem Geschenkpapier umwickeln.

So macht's noch mehr Spaß:
Entweder Sie kaufen einen Heringstopf mit Deckel oder mehrere kleine Heringstöpfe aus Steingut. Rollmöpschen einfüllen. Dazu Stoffservietten schenken. Es gibt zum Beispiel weißgrundige mit blauen Herzchen darauf, die sehr originell aussehen. Alles in Alufolie verpacken und eine dicke blaue Schleife drumbinden.

Eingelegter Spargel

Für alle, die etwas Außergewöhnliches mögen
Bild Titelseite

Zutaten:
500 g kurze Spargelstangen
$^3/_8$ l Wasser
1 Prise Salz
1 Teel. Butter
1 gehäufter Eßl. Zucker
$^1/_8$ l Weinessig
$^1/_2$ Bund Estragon

Zubereitungszeit:
50 Minuten

Marinierzeit:
3 Tage

Lagerdauer:
14 Tage. Am besten im Kühlschrank

Mein Tip:
Ich friere im Sommer den Spargel ein und bereite ab und zu außerhalb der Saison den würzigen eingelegten Spargel. Er kann in Schinken eingerollt, aber auch zu kaltem Braten und Wurst gereicht werden.

So wird's gemacht:
Den Spargel waschen und vom Kopf her dünn schälen. Die Stangenenden abschneiden. • Das Wasser in einem breiten Topf aufkochen lassen, das Salz und die Butter zufügen und mit 1 Teelöffel Zucker würzen. Die Spargelstangen hineinlegen und im geschlossenen Topf 20 Minuten garen. • Den Spargel abtropfen und auskühlen lassen. • Die Spargelbrühe mit etwas Salz, dem restlichen Zucker und dem Essig aufkochen. • Die Spargelstangen in ein Glas stellen, natürlich mit den Köpfen nach oben! • Den gewaschenen, gehackten Estragon in den Sud geben, diesen abschmecken und leicht abgekühlt über die Spargelstangen gießen. Sie müssen vollkommen bedeckt sein. Das Glas mit Einmach-Cellophan verschließen und 3 Tage an einem kühlen Ort ruhen lassen.

So wird's hübsch verpackt:
Eingelegten Spargel in ein Longdrinkglas füllen, mit Klarsichtfolie abdecken und in Cellophan einpacken. Obenauf kommt eine schöne grüne Schleife.

So macht's noch mehr Spaß:
Den Spargel in ein hohes Bonbonglas mit Glasdeckel füllen. Den Deckel mit Tesafilm festkleben. Um den Hals des Glases eine Schleife binden. In Geschenkpapier packen. Man kann den Spargel auch in einem schmalen, hohen Bierkrug mit Zinndeckel verschenken.

Mixed Pickles

Ein Hit, weil Saures lustig macht
Bild gegenüberliegende Seite

Pikante Mitbringsel ▷
v.l.n.r. Mixed Pickles (diese Seite)
Süße Essigpflaumen (S. 59)
Birnen süßsauer (S. 60)
Tomaten in Essig (S. 57)

Zutaten:
500 g kleine Gurken
etwa 100 g Salz
150 g Blumenkohl
250 g Möhren
125 g grüne Bohnen
1 rote Paprikaschote
1 Stück Meerrettich
75 g Perlzwiebeln
2 Lorbeerblätter
je 5 schwarze und weiße Pfefferkörner
1 Teel. Senfkörner

Für die Essiglösung:
$^3/_4$ l Weinessig
$^1/_2$ l Wasser
1 Prise Salz
60 g Zucker

Zubereitungszeit:
1 Stunde und 30 Minuten

Ruhezeit:
Gut 12 Stunden und 3 bis 5 Tage

Lagerdauer:
6 Monate

Mein Tip:
Mixed Pickles fülle ich nur in Halbliter-Gläser, die schnell leergegessen sind. Bei großen Gläsern bleiben dagegen oft Reste, die sich nicht mehr lange halten.

So wird's gemacht:
Die Gurken waschen, mit Salzwasser bedeckt (pro Liter Wasser 75 g Salz) 12 Stunden ruhen lassen. • Die Gurken danach abspülen und abtrocknen. • Den Blumenkohl, die Möhren, die Bohnen und die Paprikaschote putzen und waschen. Den Blumenkohl in Röschen teilen, die Möhren mit dem Buntmesser in Scheiben, die Bohnen und die Paprikaschote in Stücke schneiden. • Das Gemüse in etwa $^1/_4$ l Wasser 10 Minuten kochen und dann abtropfen lassen. • Den Meerrettich putzen, die Perlzwiebeln schälen. Den Meerrettich in dünne Streifen schneiden. • Alle Zutaten mit den zerkleinerten Lorbeerblättern, den Pfeffer- und den Senfkörnern in gespülte Gläser schichten. • Den Essig, das Wasser mit dem Salz und dem Zucker aufkochen, auskühlen lassen und in die Gläser füllen. Die Gläser zugedeckt 3 – 5 Tage stehen lassen. • Die Essiglösung noch einmal aufkochen und abgekühlt wieder über das Gemüse gießen. Die Gläser mit Einmach-Cellophan verschließen und kühl aufbewahren.

So wird's hübsch verpackt:
Mixed Pickles in ein Einmachglas mit Klammerverschluß umfüllen und eingepackt verschenken.

So macht's noch mehr Spaß:
Wenn Sie einen Familienbesuch machen und wissen, daß alle gerne Saures essen, nehmen Sie für jeden ein Glas Mixed Pickles mit. Es können ruhig einfache Gläser sein. Kaufen Sie dazu einen länglichen Korb mit Deckel, der später zum Einkaufen verwendet werden kann. Dahinein packen Sie die Gläser. Zugedeckt werden sie mit einem buntkarierten Geschirrtuch.

◁ Kleine, attraktive Geschenke sind diese hübsch verzierten Lebkuchenfiguren. Das Rezept finden Sie auf Seite 14.

Tomaten in Essig

Zur Gartenparty ein Riesenglas voll mitnehmen
Bild Seite 55

Zutaten:
- 1 kg kleine feste Tomaten
- 2 Schalotten oder kleine Zwiebeln
- 1/2 l Weinessig
- 1/4 l Wasser
- 10 g Salz
- 10 g Zucker
- 2 Gewürznelken
- je 10 Pfeffer- oder Senfkörner

Zubereitungszeit:
25 Minuten

Ruhezeit:
3 Tage

Lagerdauer:
8 Monate

So wird's gemacht:
Die Tomaten kalt abspülen und abtrocknen. Die grünen Stengelansätze vorsichtig ausschneiden. • Die Schalotten oder die Zwiebeln schälen, in dünne Scheiben schneiden und diese in Ringe teilen. • Den Essig und das Wasser mit den Zwiebelringen, dem Salz, dem Zucker, den Gewürznelken, den Pfeffer- oder Senfkörnern aufkochen und abkühlen lassen. • Die Tomaten etwa 15mal mit einem spitzen Hölzchen einstechen und in ein großes Glas oder mehrere kleine Gläser legen. Den Sud darübergießen; er muß die Tomaten ganz bedecken. • Das Glas oder die Gläser mit Cellophan schließen, zubinden und 3 Tage ruhen lassen. • Den Sud wieder aufkochen und heiß über die Tomaten gießen. • Die Gläser mit Einmach-Cellophan und Bindfaden schließen und kühl aufbewahren.

So wird's hübsch verpackt:
Das Glas in die Mitte eines ausreichend großen Stückes Alufolie stellen. Die Folie oben zusammendrehen und eine dicke, tomatenrote Schleife drumbinden.

So macht's noch mehr Spaß:
Eingelegte Tomaten in einen roten Steinguttopf füllen. Mit Cellophan verschließen. Salz- und Pfefferstreuer in Tomatenform und ein rundes Frühstücksbrett mit Tomatenmesser dazu kaufen. Wenn Sie alles geschickt und vorsichtig transportieren, können Sie Topf, Streuer und Messer auf dem Brett arrangieren. Mit grünem Seidenpapier umwickeln und verschenken. Sonst einzeln verpacken.

Mein Tip:
Eingelegte Tomaten schmecken auch sehr gut in einem Sud aus 1/2 l herbem Weißwein, 1/4 l Wasser und 4 – 5 Eßl. Essigessenz.

Ingwer-Melone

Wenn Sie bei jemandem Eindruck machen wollen

Zutaten:
1 Netzmelone (1 kg)
$^1/_8$ l Weinessig
gut $^1/_8$ l Wasser
400 g Zucker
1 Prise Salz
3 Gewürznelken
$^1/_2$ Zimtstange
1 Stück eingelegte Ingwerknolle

Zubereitungszeit:
40 Minuten

Lagerdauer:
6 Monate

So wird's gemacht:
Die Melone waschen, abtrocknen und halbieren. Mit einem Löffel die Kerne herausschaben. Das Melonenfleisch mit einem Kartoffelbohrer zu Kugeln ausstechen. • Den Essig, das Wasser, den Zucker, die Gewürze und die feingehackte Ingerwerknolle in einem großen Topf aufkochen. Die Melonenkugeln hineingeben und etwa 10 Minuten darin kochen lassen, bis sie glasig sind. • Die Melonenkugeln in Einmachgläser füllen, den heißen Sud darübergießen und sofort mit Einmach-Cellophan schließen.

So wird's hübsch verpackt:
In einem Gebäckglas mit Deckel sehen die Melonenkugeln hübsch aus. Man füllt sie ein, legt den Deckel darauf und klebt ihn mit Tesafilm fest. Machen Sie die Sache vollkommen durchsichtig und wickeln Sie Cellophan drumherum. Dann kann beim Transport auch nichts schiefgehen, weil Sie den Inhalt beobachten können.

So macht's noch mehr Spaß:
Es gibt sehr schöne Karaffen mit weiten Hälsen, in die man die Melonenkugeln samt Saft einfüllen kann. Ihr großer Vorteil: Sie haben fest schließende Stöpsel als Verschlüsse. Und ihr größter Vorteil: Sie lösen Freude aus. Noch mehr, wenn ein so leckerer Inhalt mitgeschenkt wird. Packen Sie die Karaffe in orangefarbenes Seidenpapier und binden eine Schleife drum. In Orange. Denn Ton in Ton sieht gut aus.

Mein Tip:
Nach dem gleichen Rezept lege ich auch Kürbisse ein. Beide Speisen eignen sich fabelhaft als Beilage zu Schmorbraten, Gulasch, Steaks und gebratenem Wild.

Süße Essigpflaumen

Darüber freut sich jede Köchin aus Leidenschaft
Bild Seite 55

Zutaten:
750 g Pflaumen
375 ccm (knapp $^3/_8$ l) herber Weißwein
150 ccm (gut $^1/_8$ l) Rotwein
5 Eßl. Essigessenz
1 Stück Ingwerwurzel
2 Gewürznelken
abgeriebene Schale von 1 Zitrone
500 g Zucker

Zubereitung:
25 Minuten

Ruhezeit:
3 Tage

Lagerdauer:
1 Jahr

So wird's gemacht:
Die Pflaumen kalt abspülen und trockenreiben. Die Pflaumen dann mehrmals mit einer Nadel oder mit einem spitzen Hölzchen einstechen und in Gläser oder Steintöpfe legen. • Den Weißwein und den Rotwein mit der Essigessenz, der Ingwerwurzel, den Gewürznelken, der abgeriebenen Zitronenschale und dem Zucker in einem Topf aufkochen und heiß über die Früchte gießen. • Die Gläser mit Cellophan verschließen, zubinden und 24 Stunden ruhen lassen. • Den Sud danach abgießen, aufkochen und wieder heiß über die Früchte gießen. • Das Gleiche noch zweimal nach jeweils 24 Stunden wiederholen. Dann die Gläser mit Cellophan schließen und zubinden.

So wird's hübsch verpackt:
Die Pflaumen in irdene Marmeladentöpfe füllen, die es preiswert zu kaufen gibt. Oder haben Sie vielleicht mal einen aufbewahrt? Um so besser! Gießen Sie genügend Flüssigkeit auf die Früchte, damit sie nicht austrocknen. Verschlossen wird der kleine Topf mit Klarsichtfolie und dann mit einem blauweiß-karierten Tuch aus Baumwollstoff. Eine blaue Kordel drumbinden. Schon ist Ihr Geschenk fertig.

So macht's noch mehr Spaß:
Sechs schöne Longdrinkgläser kaufen und die Pflaumen hineinfüllen. (Es genügen auch schon drei, je nachdem, wie groß Ihr Geschenk sein soll.) Mit Klarsichtfolie schließen und um jedes Glas eine weinrote oder pinkfarbene Schleife binden. Wenn Sie ein übriges tun wollen, setzen Sie die Gläser auf ein Messingtablett. Das ist dann aber schon ein ganz großes Geschenk. Vielleicht für eine Hochzeit?

Mein Tip:
Legen Sie nach diesem Rezept auch mal Kirschen, Aprikosen oder gar kleine, grüne Tomaten (also unreife Früchte) ein. Alles schmeckt prima zu gebratenem oder geschmortem Fleisch, auch zu Wild, Steaks und zu Geflügel.

Birnen süßsauer

Dafür wird Vetter Herbert Sie noch oft einladen
Bild Seite 55

Zutaten:
500 g feste Birnen
$^1/_8$ l Wasser
250 g Zucker
$^1/_4$ l Weinessig
1 Stück Zimtstange
5 Gewürznelken
Schale von 1 ungespritzten Zitrone

Zubereitungszeit:
30 Minuten

Ruhezeit:
48 Stunden

Lagerdauer:
1 Jahr

Mein Tip:
Nicht nur Birnen bereite ich auf diese leckere Weise zu. Auch Zwetschgen, Kirschen und Weintrauben, die allerdings vorher mit einem spitzen Holzstäbchen mehrmals eingestochen werden müssen. Sogar entkernte, halbierte Pfirsiche kann man süßsauer einlegen. Alle süßsauren Früchte schmecken sehr gut zu Schmorbraten, Gulasch und geschnetzeltem Fleisch.

So wird's gemacht:
Die Birnen schälen, halbieren und entkernen. • Das Wasser und den Zucker in einem Topf aufkochen lassen und abschäumen. • Den Essig, den Zimt, die Gewürznelken und die dünn abgeschälte Zitronenschale in den Topf geben und die Birnen darin portionsweise in etwa 10 Minuten nicht zu weich kochen. • Die Birnen in Gläser schichten. • Den Essigsud 5–10 Minuten einkochen lassen, heiß über die Birnen gießen, so daß diese bedeckt sind. 48 Stunden ruhen lassen. • Den Sud wieder abgießen, in einem Topf aufkochen, wieder kalt werden lassen und über die Früchte gießen. • Die Gläser mit Einmach-Cellophan schließen und kühl aufbewahren.

So wird's hübsch verpackt:
Nach dem zweiten Aufkochen am besten gleich in Geschenkgläser füllen. Auch Keramikgefäße in braun oder blau eignen sich gut für süßsaure Birnen. Man verschließt sie zuerst mit Cellophan, dann mit einem Stoffquadrat. In der Farbe passend zum Krug.

So macht's noch mehr Spaß:
Es könnte sein, daß der Beschenkte ein Bierfreund ist. Dann hat er auch immer Bier im Haus. Aber vielleicht fehlt ihm noch ein origineller Bierkrug? Den kann man sehr gut mit den Birnen füllen, mit Cellophan verschließen und den Dekkel mit Tesafilm festkleben. Eingepackt wird in geschmackvolles Geschenkpapier. – Sehr guten Freunden kann man aus Spaß Zutaten für einen würzigen Schmorbraten dazu schenken. Weil süßsaure Birnen prima zu Schmorbraten schmecken.

Eingelegter Käse

Für alle, die das Ausgefallene lieben
Bild Seite 37

Zutaten:

15 Wacholderbeeren
2 Zweige oder 1 Teel. getrockneter Rosmarin
1 Teel. getrockneter Estragon
1 Teel. getrockneter Thymian
1 Messerspitze schwarzer Pfeffer
10 kleine, eingelegte Peperoni
5 runde Ziegen- oder Schafskäse
$^1/_2$–1 l Olivenöl

Zubereitung:

10 Minuten

Marinierzeit:

24 Stunden

Lagerdauer:

4 Wochen

Mein Tip:

Für alle, die kein Olivenöl mögen, nehme ich neutrales Pflanzenöl. Und für Knoblauchfans mische ich noch etwas Granulat oder gehackte Knoblauchzehe ins Öl.

So wird's gemacht:

Die Wacholderbeeren mit dem Rosmarin, dem Estragon, dem Thymian, dem grob gemahlenen Pfeffer und den kleinen Peperoni mischen. • Die Würzmischung abwechselnd mit dem Käse in ein Glas mit weiter Öffnung schichten. • Den Käse mit dem Öl begießen. Es soll die letzte Käseschicht bedecken. • Der Käse schmeckt schon vorzüglich, wenn er 24 Stunden durchgezogen hat; besser aber, je länger er im würzigen Öl liegt.

So wird's hübsch verpackt:

Sorgen Sie bitte schon vor der Zubereitung für ein Glas, in das Sie den Käse füllen wollen. Umfüllen geht sehr schlecht. Da gibt es ganz einfache Gläser mit Korkverschluß. Zur Not eignet sich auch ein Rechteckiges. Der eingelegte Käse sieht so hübsch aus, daß Sie nur noch ein – vielleicht paprikarotes? – Stück Geschenkpapier brauchen, in das Sie das Glas wickeln.

So macht's noch mehr Spaß:

Wer etwas tiefer in die Tasche greifen möchte, weil der Anlaß entsprechend ist, schenkt den eingelegten Käse in einem besonders dekorativen Bonbonglas oder in einem Gefäß aus feingeschliffenem Glas. Wenn's rustikal ist, legen Sie noch ein Käsemesser und eine passende Gabel bei, damit der Käse problemlos aus dem Glas gefischt werden kann. In Cellophan eingepackt, sieht das Ganze sehr hübsch aus. Ein Band in Kräutergrün macht das Geschenk vollständig.

Griebenschmalz und Paprikaspeck

Für ein rustikales Fest bei Freunden
Bild Seite 38

Zutaten fürs Griebenschmalz:
250 g Schweineflomen
1 gute Prise Salz
250 g Äpfel
125 g Zwiebeln

Zubereitungszeit:
20 Minuten

Kühlzeit:
30 Minuten

Lagerdauer:
14 Tage im Kühlschrank

Zutaten für den Paprikaspeck:
125 fetter Speck
2 Eßl. edelsüßes Paprikapulver

Zubereitungszeit:
5 Minuten

Lagerdauer:
14 Tage im Kühlschrank

Mein Tip:
Zur Vorweihnachtszeit verwende ich halb Schweine-, halb Gänseflomen. Das hat den Vorteil, daß das Griebenschmalz fest wird. Reines Gänseschmalz bleibt weich.

So wird's gemacht:
Fürs Griebenschmalz die Flomen wässern, abtrocknen, kleinschneiden und bei mittlerer Hitze in einer Pfanne auslassen. Das Fett salzen. • Die Äpfel schälen, vierteln, entkernen und würfeln. • Die Zwiebeln schälen und auch würfeln. • Wenn das Fett ausgebraten ist und leise brutzelt, werden die Apfel- und Zwiebelwürfel 10 Minuten mitgebraten. • Das Schmalz in einen Behälter füllen, abkühlen lassen und im Kühlschrank zugedeckt aufbewahren. • Für den Paprikaspeck vom fetten Speck die Schwarte abschneiden. Den Speck in gleichmäßige dicke Streifen schneiden und in Paprikapulver wälzen.

So wird's hübsch verpackt:
Das Griebenschmalz zum Verschenken noch warm in ein Steingutgefäß gießen. Erstarren lassen, mit Klarsichtfolie abdecken und in Geschenkpapier wickeln. • Ein Frühstücksbrett aus Holz oder Porzellan mit Paprikaspeck belegen. In Klarsichtfolie wickeln. Ein Minifläschchen Korn dazu legen, damit der deftige Speck besser bekommt.

So macht's noch mehr Spaß:
Eine kleine gußeiserne Pfanne oder einen kleinen Topf kaufen und das Griebenschmalz nach dem Braten sofort hineinfüllen. Mit Klarsichtfolie überziehen. Verpacken und eine Schleife an den Pfannenstiel binden. • Vom Paprikaspeck für eine Familie die doppelte Portion zubereiten. Auf ein Bratenbrett packen. Dazu ein kleines Zwiebelbrot und ein Säckchen edelsüßes Paprikapulver, damit die Empfänger den nächsten Paprikaspeck selbst zubereiten können.

Würzige Buttermischungen

Wenn Sie zum Budenzauber eingeladen sind
Bild Seite 37

Zutaten:
Jeweils 125 g Butter und
1 Prise Salz

Für Zitronenbutter:
1 Eßl. Zitronensaft
Worcestersauce

Für Currybutter:
1 Eßl. Currypulver oder
2 Eßl. Curryketchup
1 Prise schwarzer oder Cayennepfeffer

Für Kräuterbutter:
1 Teel. Zitronensaft
1 Eßl. gehackte Kräuter (Petersilie, Kerbel, Estragon, Melisse)

Für Kaviarbutter:
1 Teel. Zitronensaft
50 g deutscher Kaviar

Für Sardellenbutter:
1 Eßl. Sardellenpaste
Worcestersauce
1 Prise weißer Pfeffer

Zubereitungszeit:
Jeweils 10 Minuten

Kühlzeit:
30 Minuten

Lagerdauer:
Gekühlt 8 Tage

So wird's gemacht:
Für alle Mischungen Schaumbutter rühren. Das heißt: die Butter in Flöckchen teilen, in einer erwärmten Schüssel schaumig rühren und leicht salzen. • Nach Wunsch und Geschmack die Zutaten für die speziellen Mischungen einrühren, in Gefäße füllen und zugedeckt im Kühlschrank 30 Minuten kühlen lassen. • Oder eine Rolle von etwa 3 cm Durchmesser formen, glatt in Alufolie wickeln und im Kühlschrank kalt werden lassen.

So wird's hübsch verpackt:
Wollen Sie eine Familie beschenken, dann wählen Sie zwei Buttermischungen aus. Ganz einfach: Die Rollen in Alufolie noch einmal in Geschenkpapier packen und mit einer Schleife versehen. Oder etwas aufwendiger die Würzbutter in kleine irdene Gefäße füllen, mit Alufolie abdecken und mit einem kleinen, bunten Stück Stoff zubinden. Alleinstehenden nur eine Buttermischung schenken. Zwei Sorten könnten nicht schnell genug verbraucht werden.

So macht's noch mehr Spaß:
Butterfäßchen gibt es in vielen Formen und Materialien. In Glas, Holz, Keramik und Porzellan. Wofür Sie sich auch entscheiden – in jedem Fall werden sie mit Butter gefüllt. Deckel drauf und zuerst in Alufolie, dann in sonnengelbes oder sattgrünes Seidenpapier packen. Dazu die passende gelbe oder grüne Schleife. Und wenn gerade Saison ist: ein Butterblumensträußchen oder andere gelbe Blumen daran befestigen.

Cumberlandsauce

Für einen, der feine Saucen zu schätzen weiß

Zutaten:

1 ungespritzte Orange
1 ungespritzte Zitrone
1 kleine Zwiebel
4 Eßl. Rotwein
250 g Johannisbeergelee
2 Teel. Senfpulver
1 Prise Salz
1 Prise Cayennepfeffer
$^1/_2$ Teel. Ingwerpulver
1 Gläschen Portwein

Zubereitungszeit:

20 Minuten

Lagerdauer:

Gekühlt und gut verschlossen 3 Wochen

Mein Tip:

Mit einem Kartoffelschäler kann man die Zitrusfrüchte besonders dünn schälen, weil die Messerklinge so fein ist.

So wird's gemacht:

Die Orange und die Zitrone heiß waschen, abtrocknen und hauchdünn schälen. Es darf nichts von der weißen Innenschale daran sein, weil sie bitter ist. • Die Schale in sehr feine Streifen schneiden. • Die geschälte Zwiebel feinwürfeln oder feinhacken. • Den Rotwein in einem kleinen Topf aufkochen, die Orangen- und die Zitronenschale und die gehackte Zwiebel darin 10 Minuten ziehen, dann abkühlen lassen. • Das Johannisbeergelee in eine Schüssel geben. Das Senfpulver hineinrühren und mit dem Salz, dem Cayennepfeffer und dem Ingwerpulver würzen. Die Rotweinmischung und den Portwein einrühren und würzig abschmekken. • Die Cumberlandsauce in eine Flasche mit weitem Hals füllen, gut verschließen und kühl aufbewahren.

So wird's hübsch verpackt:

Ein besonders hübsches Etikett mit der Aufschrift Cumberlandsauce – am besten mit zarter Feder wie bei der feinen englischen Schreibschrift – auf die Flasche kleben. Ein kleines, buntes Stoffquadrat über den Verschluß legen und festbinden. In Geschenkpapier wickeln.

So macht's noch mehr Spaß:

Wählen Sie eine der modernen Flaschen mit rustikalem Korkverschluß aus und füllen die Cumberlandsauce hinein. Etikett mit Aufschrift nicht vergessen, und ein Zettelchen mit dem Rezept für fritierten Camembert dazulegen. Hier ist es: Ovale Camemberthälften nacheinander in Paprika, Mehl, Ei und Semmelbrösel wenden, die Panade andrücken und den Käse in heißem Öl fritieren. Cumberlandsauce dazu servieren. Schmeckt vorzüglich. Und wenn Sie noch ein übriges tun wollen, legen Sie gleich die Zutaten für den fritierten Camembert bei. In einem Spankörbchen mit Deckel.

Kräuteressig

Vielleicht ein Geschenk für eine junge Ehefrau
Bild Titelseite

Zutaten:

1 ungespritzte Zitrone
150 g Schalotten oder kleine Zwiebeln
$^{1}/_{2}$ Knoblauchzehe
je 10 g Estragonblätter, Borretschblätter und Dillspitzen
1 Eßl. edelsüßes Paprikapulver
1 Teel. Salz
12 g Pfefferschoten (Peperoni)
3 Teilstriche Essigessenz
$^{3}/_{4}$ l Wasser
3 Teel. Zucker

Zubereitungszeit:

15 Minuten

Lagerdauer:

Unbegrenzt, wie alle Essigsorten

Mein Tip:

Verschenken Sie auch mal Würzöle. Jeweils in $^{1}/_{2}$ l Pflanzen- oder Keimöl einige Wacholderzweige (auch zerstoßene Körner) oder Rosmarinzweige (auch getrockneten Rosmarin) mischen. Zum Braten und für Salate.

So wird's gemacht:

Die Zitrone heiß waschen, abtrocknen und sehr fein schälen. 5 g der Schale abwiegen und in den Mixer geben. • Die Schalotten oder die Zwiebeln schälen und grob zerkleinern. • Den Knoblauch schälen. • Die Kräuter waschen. • Alles in den Mixer geben. Dazu das Paprikapulver, das Salz und die geputzten Pfefferschoten. Alles pürieren und durch ein Sieb in eine Schüssel geben. Den Siebinhalt gut auspressen und wegwerfen. • Die Essigessenz mit dem Wasser mischen, die pürierten Zutaten hineinrühren, mit dem Zucker und eventuell etwas Salz abschmecken, in eine Flasche füllen und diese gut verschließen. – Zum Verschenken die Zutaten bitte nicht pürieren. Ganz ins Gefäß geben und die Flüssigkeit aufgießen. Das sieht hübscher aus. Der Empfänger siebt die Flüssigkeit ab, püriert die festen Bestandteile und arbeitet weiter wie im Rezept.

So wird's hübsch verpackt:

Wählen Sie aus Ihrem Flaschenarsenal die hübscheste aus. Sie bekommt ein Etikett mit der Aufschrift: Würzessig. Dazu die Gebrauchsanweisung. (Mit Ihrer schönsten Schrift geschrieben. Wer zeichnerisch ein bißchen begabt ist, malt noch ein paar Kräuterblättchen drauf.) In diese Flasche füllen Sie den Würzessig. Fest verschließen und in Geschenkpapier einpacken.

So macht's noch mehr Spaß:

Kaufen Sie eine hübsche Karaffe oder eine tischfeine Essigflasche. Füllen Sie Ihren Würzessig ein, verschließen die Flasche und binden ihr ein Zettelchen (wie man es früher bei Medizinflaschen machte) um den Hals mit der Aufschrift: Würzessig. Eingepackt wird in kräutergrünes Seidenpapier. Mit einer Schleife befestigen Sie ein duftiges Kräutersträußchen aus Estragon, Borretsch und Dill.

Gefüllte Datteln

Wenn man erfährt, daß ein Hausbewohner volljährig wird
Bild 3. Umschlagseite

Zutaten:
30 Datteln (250 g)
100 g Marzipan-Rohmasse (im Handel erhältlich)
50 g Puderzucker
1 Eßl. Rum oder Weinbrand
50 g Kuvertüre

Zubereitungszeit:
20 Minuten

Lagerdauer:
In einer Porzellandose
14 Tage

So wird's gemacht:
Die Datteln längs aufschneiden und entkernen. • Die Marzipan-Rohmasse mit dem gesiebten Puderzucker, dem Rum oder dem Weinbrand geschmeidig kneten. • Die Datteln mit Marzipan füllen. • Die Kuvertüre im Wasserbad auflösen, die Datteln bis zur Hälfte in die Kuvertüre tauchen und trocknen lassen. Zum Trocknen am besten die unglasierte Seite der Datteln in ein rechteckiges Kuchengitter mit weitem Maschendraht klemmen.

So wird's hübsch verpackt:
Aus Alufolie über einer Flasche mit großem Kronkorkenverschluß Kapseln formen und rundschneiden. Jede Dattel in eine silberne Kapsel legen und diese in eine hübsche Spanschachtel. Mit Klarsichtfolie und Deckel abdecken. Die Spanschachtel mit naturfarbenem Bast zubinden. Obendrauf kommt eine Schleife aus Bast. Dazu den Bastfaden auseinanderzupfen.

So macht's noch mehr Spaß:
Für alle, die gerade welche gebrauchen können, kleine Pastetenförmchen mit den Datteln füllen! Jede Form in Cellophan packen. Obendrum kommt eine Schleife aus Seidenband. Eine braune zum Beispiel. Vielleicht schreiben Sie auch schnell noch ein Rezept für den typischen Gebrauch der Pastetenförmchen und legen es bei.

Mein Tip:
Für Supersüßschnäbel fülle ich die Datteln mit abgezogenen Mandeln, rolle die Datteln dann in Marzipan ein und tauche sie in Kuvertüre.

Nougat-Marzipan-Taler

Die bekommen Tante und Onkel, weil sie gern naschen
Bild 3. Umschlagseite

Zutaten für etwa 75 Stück:
250 Nougatmasse
400 g Marzipan-Rohmasse
200 g Puderzucker
2 Eßl. Cognac oder Weinbrand

Zubereitungszeit:
20 Minuten

Kühlzeit:
30 Minuten

Lagerdauer:
4 Wochen im geschlossenen Porzellangefäß

So wird's gemacht:
Die Nougatmasse 1 Stunde vor dem Verarbeiten im Kühlschrank kühlen, dann ist sie leichter zu formen. • Die Marzipan-Rohmasse mit dem gesiebten Puderzucker und dem Cognac oder dem Weinbrand geschmeidig kneten. • Die Arbeitsfläche mit gesiebtem Puderzucker bestäuben und Marzipan und Nougat darauf vorsichtig etwa $^1/_2$ cm dick ausrollen. • Den Nougat aufs Marzipan legen, zu Rollen formen und 30 Minuten zugedeckt in den Kühlschrank stellen. • Etwa $^1/_2$ cm dicke Scheiben von den Rollen abschneiden. Die Taler über Nacht offen stehen lassen, dann verschlossen aufbewahren.

So wird's hübsch verpackt:
In einer durchsichtigen Tüte, die mit einer Schleife zugebunden wird. Daran kann man ein winziges Geschenkbüchlein befestigen. Oder auch das handgeschriebene Rezept.

So macht's noch mehr Spaß:
Eine rote oder braune Keramikdose mit Deckel kaufen. Die Taler einfüllen. Dose schließen und mit Geschenkpapier einwickeln. Obendrauf einen Frühlingszweig oder eine Blüte befestigen.

Mein Tip:
Es müssen nicht immer Taler sein. Sie können die ausgerollte Nougat- und Marzipanmasse genausogut abwechselnd 4 cm hoch aufeinander schichten und daraus Würfel schneiden.

Mandelsplitter

Wenn die Lieblingstante zum Tee eingeladen hat

Zutaten für 20 Stück:
100 g Mandelstifte
150 g Kuvertüre

Zubereitungszeit:
20 Minuten

Zeit zum Trocknen:
8–12 Stunden

Lagerdauer:
4 – 6 Wochen im Porzellangefäß

So wird's gemacht:
Die Mandelstifte in eine trockene Pfanne – am besten in eine beschichtete – geben, goldbraun rösten und abkühlen lassen. • Die Kuvertüre nach Vorschrift im Wasserbad erhitzen und die Mandeln hineinmischen. Von der Masse mit zwei Teelöffeln kleine Häufchen auf Pergamentpapier oder Alufolie setzen und über Nacht trocknen lassen. Dann verschlossen aufbewahren.

So wird's hübsch verpackt:
Jedes Stück Konfekt in Pralinenkapseln legen, die man in Papiergeschäften kaufen kann. In kleine Spielzeugkörbchen (es gibt sie etwa 10 cm lang mit Henkel) verpacken. An den Henkel mit Band einen hübsch zurechtgeschnittenen Papierstreifen binden, auf dem Sie das Rezept geschrieben haben.

So macht's noch mehr Spaß:
Eine herzförmige, weiße Porzellanschale kaufen. Die Mandelsplitter in bunte Papierkapseln legen und die Schale damit füllen. Ein breites Seidenband drumherum und eine dicke Schleife obendrauf binden. Moosgrün sieht sehr gut aus. Lose in grünes Seidenpapier einwickeln.

Mein Tip:
Manchmal röste ich die Mandeln in 1 Eßlöffel Butter. Das Konfekt wird dadurch würziger, hält sich aber nur 14 Tage, weil die Butter leicht ranzig wird.

Tannenbäumchen

Pflanzen Sie für Freunde einen ganzen Weihnachtswald
Bild 3. Umschlagseite

Zutaten pro Bäumchen:
125–175 g Schokoladenplätzchen
1 großer, weitblättriger Tannen- oder Zedernzapfen

Zubereitungszeit:
10 Minuten

Lagerdauer:
Hält sich leider nur so lange, bis die Schokoladenplätzchen aufgegessen sind. Der Tannenzapfen kann aber wieder gefüllt werden

Das ist ein Geschenk für Weihnachten. Ein originelles und ein schnelles dazu. Jedesmal, wenn ich es verschenkt habe, hat es helle Begeisterung ausgelöst. Weil es so einfach, aber wirkungsvoll ist.

So wird's gemacht:
Eigentlich ist hier kaum etwas zu tun. Die Schokoladenplätzchen werden nur in die Zwischenräume des Tannenzapfens gesteckt. Fertig ist der kunterbunte kleine Weihnachtsbaum.

So wird's hübsch verpackt:
Als Geschenk für eine Familie drei bis fünf Tannenbäumchen in einen – vielleicht roten – Korb legen, den Sie mit Tannengrün schmücken. Den Korb in ein grünweiß kariertes Geschirrtuch binden. Aber in ein hübsches. Damit die Hausfrau ihre zusätzliche Freude hat.

So macht's noch mehr Spaß:
Jeder bekommt seinen eigenen Tannenbaum, in einen großen Kakaobecher aus Emaille oder Steingut gesetzt. Verpackt wird in Weihnachtspapier oder in Stoffservietten, zugebunden mit roten Seidenbändern, geschmückt mit Tannenzweigen.

Mein Tip:
Ich schneide die Tannenzapfen am unteren Ende gerade, damit man die Tannenbäumchen in der Weihnachtszeit als eßbare Dekoration aufstellen kann.

Mandel-Blitztorte

Wenn Sie überraschend zum Kaffee eingeladen werden

Zutaten:
50 g Zucker
3 Eigelbe
50 g Mehl
1 Messerspitze Backpulver
2 Eiweiße
1 Prise Salz
1 Eßl. Butter
Butter für das Backblech

Für die Füllung:
3 Eßl. Butter
100 g Zucker
1 Teel. Vanillinzucker
100 g geriebene Mandeln
2 Eßl. Milch

Der halbe Kuchen = 2160 Kalorien (8050 Joule)

Zubereitungszeit:
15 Minuten und
10 Minuten Backzeit

So wird's gemacht:
Den Backofen auf 200° vorheizen (Gas Stufe 3). • Den Zucker und die Eigelbe mit dem Rührwerk oder mit dem Handmixer verquirlen, bis eine dickflüssige Creme entsteht. • Das Mehl mit dem Backpulver mischen. • Die Eiweiße mit dem Salz steif schlagen. • Das Mehl und den Eischnee abwechselnd locker unter die Eicreme mischen. • Die Butter in einem Schmelzpfännchen erwärmen und lauwarm unter die Masse ziehen. • Die Springform mit der Butter bestreichen. Den Teig in die Form geben und glattstreichen. • Für die Füllung die Butter im Schmelzpfännchen erhitzen, den Zukker, den Vanillinzucker und die Mandeln zugeben, gut verrühren, vom Herd nehmen und die Milch zugeben. • Die Füllung auf den Teig verteilen. • Die Torte 8–10 Minuten backen. Die Mandeln sollen goldgelb, aber nicht zu dunkel werden. • Nach dem Backen sofort den Springformrand entfernen.

So geht's noch schneller:
Eine fertige Backmischung für Biskuitteig verwenden.

Mein Tip:
Den Teig erst vor dem Backen zubereiten und das steifgeschlagene Eiweiß ganz lokker unter die Masse ziehen, damit der Teig nicht zusammenfällt.

Die neuen Küchenratgeber: Originell – praktisch – preiswert

Arne Krüger/Annette Wolter, Selber einfrieren, was schmeckt. Die besten Koch-Ideen und Tips zur Tiefkühltruhe. 72 Seiten, 20 Farbfotos, Zeichnungen. (Die »Rationalisierung« in der Küche).

Annette Wolter, Selber einmachen. Die besten Einmach-Ideen nach Großmutters Art. 72 Seiten, 10 Farbfotos, Zeichnungen. (Einmachen ist »in«).

Marianne Kaltenbach, Schnell gekocht für Zwei. Rezept-Ideen zum Verlieben. 72 Seiten, 20 Farbfotos, Zeichnungen. (Genüsse wie von Zauberhand).

Eva und Ulrich Klever, Selber Brot backen. Knusprig-frische Brotgenüsse, die in Ihrem Backrohr gelingen. 72 Seiten, 24 Farbfotos, Zeichnungen. (Eine dufte, heiße Sache).

Hannelore Blohm, Geschenke aus meiner Küche. Originelle Rezept-Ideen zum Selbermachen (und Aufessen). 72 Seiten, 17 Farbfotos, Zeichnungen. (Mitbringsel, die sonst keiner hat!)

Kochvergnügen und Freizeitspaß mit Fernsehkoch Max Inzinger. Die besten Rezept-Ideen und Hobbytips aus der Fernsehserie des beliebten Küchenmeisters. 104 Seiten, 20 Farbfotos, Zeichnungen. (Die wahre Fundgrube für kulinarische Bastler!)

Rezept- und Sachregister

v.o.n.u.
Gefüllte Datteln (Seite 66)
Salzmandeln (Seite 44)
Tannenbäumchen (Seite 69)
Nougat-Marzipan-Taler (Seite 67)
Sahnebonbons (Seite 21)